Cecília Mary Fischer Rubira
Paulo Asterio de Castro Guerra
Luiz Alberto Ferreira Gomes

Programação Orientada a Objetos Usando
JAVA

Programação Orientada a Objetos Usando Java

Copyright© Editora Ciência Moderna Ltda., 2020

Todos os direitos para a língua portuguesa reservados pela EDITORA CIÊNCIA MODERNA LTDA.

De acordo com a Lei 9.610, de 19/2/1998, nenhuma parte deste livro poderá ser reproduzida, transmitida e gravada, por qualquer meio eletrônico, mecânico, por fotocópia e outros, sem a prévia autorização, por escrito, da Editora.

Editor: Paulo André P. Marques
Produção Editorial: Dilene Sandes Pessanha
Capa: Daniel Jara
Diagramação: Daniel Jara
Copidesque: Equipe Ciência Moderna

Várias **Marcas Registradas** aparecem no decorrer deste livro. Mais do que simplesmente listar esses nomes e informar quem possui seus direitos de exploração, ou ainda imprimir os logotipos das mesmas, o editor declara estar utilizando tais nomes apenas para fins editoriais, em benefício exclusivo do dono da Marca Registrada, sem intenção de infringir as regras de sua utilização. Qualquer semelhança em nomes próprios e acontecimentos será mera coincidência.

FICHA CATALOGRÁFICA

RUBIRA, Cecília Mary Fisher; GUERRA, Paulo Austerio de Castro; GOMES, Luiz Alberto Ferreira.

Programação Orientada a Objetos Usando Java

Rio de Janeiro: Editora Ciência Moderna Ltda., 2020.

1. Informática   2. Linguagem de Programação
I — Título

ISBN: 978-85-399-1015-1

CDD 001.642
005.133

Editora Ciência Moderna Ltda.
R. Alice Figueiredo, 46 – Riachuelo
Rio de Janeiro, RJ – Brasil   CEP: 20.950-150
Tel: (21) 2201-6662/ Fax: (21) 2201-6896
E-MAIL: LCM@LCM.COM.BR
WWW.LCM.COM.BR

09/20

Para Elizabeth, minha mulher e companheira
nessa inexplicável (e maravilhosa)
aventura em que Ele nos colocou.
Paulo Asterio

Para o Espírito Santo que nos ilumina
na Terra, e para os meus filhos Pedro Gabriel e Miguel.
Cecília Rubira

Para Deus, que com sua graça divina concedeu-me
o a vida; para os meus Pais, que com carinho a fizeram
crescer; para minha esposa e para os meus filhos, que
com amor deram razão para sua existência; e para os
meus irmãos e para os meus amigos que com
fraternidade a encheram de alegria.
Luiz Alberto

Sumário

1 Fundamentos do Modelo de Objetos **1**
  1.1 Introdução 1
  1.2 Processo Simbólico... 1
  1.3 Abstração 2
  1.4 Classificação e Instanciação 3
  1.5 Generalização e Especialização.. 4
  1.6 Hierarquias de Classes.. 4
  1.7 Hierarquias Todo-Partes 5
  1.8 Conceito de Tipo 5
  1.9 Evolução das Técnicas de Programação 7
  1.10 Programação Baseada em Procedimentos............................ 8
  1.11 Visibilidade e Proteção de Código e Dados 9
  1.12 Ocultamento de Informação e Encapsulamento 11
  1.13 Tipos Abstratos de Dados e Interfaces 12
  1.14 Um Exemplo de Programa Orientado a Objetos 15
  1.15 Um Breve Histórico das Linguagens Orientadas a Objetos 16
  1.16 Referências.. 18
  1.17 Exercícios de Fixação.. 18

2 Objetos e Classes **23**
  2.1 Introdução 23
  2.2 Objetos e Mensagens.. 26
  2.3 Classificação e Instanciação 27
  2.4 Especificação do Tipo Abstrato de Dados ContaCor 29
    2.4.1 (i) Operação abreConta 29
    2.4.2 (ii) Operação creditaValor 30
    2.4.3 (iii) Operação debitaValor 31
    2.4.4 (iv) Operação consultaSaldo..................................... 31
  2.5 Projeto do Tipo Abstrato de Dados ContaCor...................... 32
  2.6 Implementação do Tipo Abstrato de Dados 33
  2.7 Definição de Operações em Java.. 33
  2.8 Definição de Classes em Java 36
    2.8.1 Nome de Classe 36
    2.8.2 Definição de Atributos.. 36

VI • Programação Orientada a Objetos Usando Java™

2.8.2.1 Visibilidade dos Atributos 37
2.8.3 Definição de Métodos 38
2.8.3.1 Visibilidade dos Métodos 38
2.9 Implementação dos Algoritmos e Estruturas de Dados 39
2.10 Compilando e executando a definição da classe 42
2.11 Criação de Objetos 43
2.11.1 O comando new 43
2.11.2 Métodos Construtores 45
2.12 Troca de Mensagens 47
2.12.1 A Referência null 48
2.13 Destruição de Objetos 49
2.13.1 Objetos Não Referenciados 49
2.13.2 Coleta de Lixo 49
2.14 Objetos Persistentes 50
2.15 Exercícios de Fixação 50

3 Agregação e Associação **57**
3.1 Agregação 57
3.2 Associação 59
3.3 Exercícios de Fixação. 60

4 Estudo de Caso: Caixa Automático **63**
4.1 Descrição do Problema 63
4.2 Análise e Projeto do Sistema de Caixa Automático 64
4.2.1 Interface Pública da Classe TrmCxAut 66
4.2.2 Interface Pública da Classe `ControladorCaixa` 66
4.2.3 Interface Pública da Classe `Caixa` 67
4.2.4 Interface Pública da Classe `ContaCor` 67
4.2.5 Interface Pública da Classe `CadastroContas` 68
4.2.6 Diagramas de Sequência em UML 68
4.3 Implementação do Sistema 70
4.3.1 Especificação da Classe `TrmCxAut` 70
4.3.2 Especificação da Classe ControladorCaixa 75
4.3.3 Especificação da Classe `Caixa` 78
4.3.4 Especificação da Classe `ContaCor` 80
4.3.5 Definição da Classe `CadastroContas` 82
4.4 Execução da aplicação 83
4.5 Exercícios de Fixação 85

5 Herança...87

5.1 Generalização/Especialização ... 87
5.2 Mecanismo de Herança ... 88
5.3 Definição de Subclasses em Java ... 89
5.4 Estudo de Caso: Contas Especiais ... 90
   5.4.1 Análise das Contas Especiais ... 91
   5.4.2 Projeto da Classe `ContaEsp` ... 92
   5.4.3 Implementação da classe `ContaEsp` ... 93
      5.4.3.1 Abertura de Conta Especial ... 94
      5.4.3.2 Construtores e Herança ... 94
      5.4.3.3 Alteração do Limite da Conta ... 95
      5.4.3.4 Obtenção do Valor do Crédito Utilizado ... 95
      5.4.3.5 Executando a Classe `ContaEsp` ... 96
5.5 Herança e Visibilidade Protegida ... 96
   5.5.1 Visibilidade protegida ... 97
   5.5.2 O modificador "protected" de Java ... 98
5.6 Emprego Correto de Herança ... 99
   5.6.1 Herança de comportamento ... 99
   5.6.2 Herança de implementação ... 100
5.7 Herança Múltipla ... 102
5.8 Exercícios de Fixação ... 103

6 Polimorfismo e Acoplamento Dinâmico ... 107

6.1 Conceito de Polimorfismo ... 107
6.2 Polimorfismo e Orientação a Objetos ... 108
6.3 Classificação de Cardelli e Wegner ... 110
   6.3.1 Sobrecarga de Métodos e Operadores ... 111
      6.3.1.1 Sobrecarga de Métodos e Construtores ... 111
      6.3.1.2 Sobrecarga de Operadores ... 112
   6.3.2 Coerção ... 112
   6.3.3 Polimorfismo Paramétrico ... 114
   6.3.4 Polimorfismo de Inclusão ... 115
      6.3.4.1 Redefinição de Métodos ... 116
      6.3.4.2 Redefinição versus Sobrecarga de Métodos ... 117
   6.3.5 Acoplamento Dinâmico e Redefinição de Métodos ... 117
6.4 Encaminhamento das Mensagens em Java ... 118
6.5 Exercícios de Fixação ... 119

VIII • Programação Orientada a Objetos Usando Java™

7 Sistema de Controle de Biblioteca...129
7.1 Descrição do Problema.. 129
7.2 Modelagem do Problema 130
7.3 Diagrama de Classes... 130
7.4 Diagramas de Estados 132
7.5 Diagramas de Sequência.. 132
7.6 Implementação das Classes.. 133
    7.6.1 Classe Usuario 133
    7.6.2 Classe Aluno 138
    7.6.3 Classe Professor.. 139
    7.6.4 Classe Exemplar.. 140
    7.6.5 A classe Terminal 144
    7.6.6 A classe CadastroExemplar................................. 146
    7.6.7 A classe CadastroUsuario 146
    7.6.8 A classe ControleBiblioteca................................ 147
    7.6.9 A classe Principal 150
7.7 Uso do Sistema 151
7.8 Exercícios de Fixação.. 152

8 Classes Abstratas e Concretas 155
8.1 Classes Concretas 155
8.2 Conceito de Classe Abstrata 156
8.3 Métodos Abstratos 158
8.4 Definição da Classe Abstrata Item 159
8.5 Usos Corretos de Classes Abstratas 161
8.6 Exercícios de Fixação.. 162

9 Interfaces 165
9.1 O Conceito de Interface.. 165
9.2 Interfaces no Modelo de Objetos..................................... 166
9.3 Definição de Interface em Java 167
9.4 Exemplo de Aplicação 169
9.5 Hierarquias de Interfaces x Hierarquias de Classes.............. 171
9.6 Relações entre Objetos, Classes e Interfaces...................... 171
9.7 Exercícios de Fixação.. 174

Sumário • IX

10 Tratamento de Exceções **183**

  10.1 Motivação: Tolerância a Falhas 183

    10.1.1 Conceitos de Falha, Erro e Defeito 183

    10.1.2 Sistemas Tolerantes a Falhas 184

    10.1.3 Tratamento de Exceções 185

    10.1.4 Componente Ideal Tolerante a Falhas 187

    10.1.5 Mecanismos de Tratamento de Exceções 188

    10.1.6 Representação das Exceções 189

    10.1.7 Assinaturas de Métodos 189

    10.1.8 Contextos dos Tratadores de Exceções 190

    10.1.9 Propagação de Exceções 191

    10.1.10 Continuação do Fluxo de Controle 191

  10.2 Tratamento de Exceções em Java 192

    10.2.1 A Hierarquia de Classes de Exceções 192

    10.2.2 Criando e Lançando Exceções 193

    10.2.3 Definindo Tratadores de Exceções 194

    10.2.4 Especificando Ações de Limpeza 195

    10.2.5 Propagação Automática de Exceções 197

  10.3 Exemplo de Uso de Exceções 198

    10.3.1 Definição e Lançamento de Exceções 198

    10.3.2 Tratadores de Exceções 200

  10.4 Exercícios de Fixação 201

11 Atributos e Métodos de Classe **207**

  11.1 Conceito de Metadados e Metaclasses 207

  11.2 Atributos e `Métodos de Classe` 207

  11.3 Classes Utilitárias 211

  11.4 Usos Corretos do Modificador `static` 212

  11.5 O Método `main()` 215

  11.6 Descritores de Classe Java 216

  11.7 Exercícios de Fixação 217

12 Pacotes **219**

  12.1 Conceito de Pacote 219

  12.2 Fatoração em Pacotes 221

  12.3 Importação de Tipos de Outros Pacotes 222

  12.4 Definição de Pacotes em Java 224

  12.5 Pacotes Anônimos 224

X • Programação Orientada a Objetos Usando Java™

12.6 Visibilidade de Pacotes 225
12.7 A Variável de Ambiente CLASSPATH 228
12.8 O Utilitário `jar` 229
12.9 Exercício de Fixação 230

Apêndice A
Preparando o Ambiente de Desenvolvimento Java 235

Bibliografia **237**

Índice Remissivo **241**

1 Fundamentos do Modelo de Objetos

Neste capítulo são descritos sucintamente os mecanismos básicos que utilizamos para organizar o nosso conhecimento e administrar a complexidade do mundo em que vivemos. São apresentados os conceitos de processo simbólico, abstração, hierarquias, agregados, classes e tipos.

Neste capítulo são discutidas as limitações da programação estruturada, quanto aos aspectos de visibilidade e proteção do código executável e dos dados da aplicação, e como a programação orientada a objetos é capaz de superá-las. São apresentados os conceitos de ocultamento de informação, encapsulamento, tipos abstratos de dados e interface. Inclui ainda um breve histórico das linguagens orientadas a objetos.

Ao concluir este capítulo, o leitor deverá ser capaz de explicar como a programação estruturada e a programação orientada a objetos estão relacionadas, analisar programas existentes sob o ponto de vista dos conceitos apresentados e situar a linguagem Java no contexto das linguagens de programação orientadas a objetos.

1.1 Introdução

Sistemas computacionais são, essencialmente, ferramentas para ampliar a capacidade da nossa mente, assim como os sistemas eletromecânicos estendem nossa capacidade física. Qualquer sistema eletromecânico, por mais complexo e potente que seja, é projetado e construído a partir de um conjunto limitado de mecanismos relativamente simples, tais como dínamos, motores, alavancas, engrenagens, roldanas e correias. De forma análoga, os sistemas computacionais modernos empregam um conjunto limitado de mecanismos básicos, inspirados no modo como organizamos o nosso conhecimento e dos processos mentais que empregamos na resolução de problemas, que são objetos de estudo das chamadas ciências cognitivas. Nas seções seguintes iremos apresentar alguns desses mecanismos fundamentais.

1.2 Processo Simbólico

"O processo mediante o qual os seres humanos podem arbitrariamente fazer com que certas coisas representem outras, pode-se chamar de processo simbólico." [Hayakawa63]

2 • Programação Orientada a Objetos Usando Java™

O processo simbólico é assimilado e desenvolvido desde os primeiros meses de vida de uma criança, tornando-se tão automático quanto respirar. Esse processo está presente em todas as formas de comunicação humana e é a essência da cultura de um povo. Logo que nascemos recebemos um nome que nos representa ao longo de toda a nossa vida. A língua, as tradições religiosas, o sistema monetário, o modo de vestir, são exemplos de traços culturais que não existiriam sem esse processo.

As linguagens de programação de segunda geração como Assembler, também chamadas "linguagens simbólicas", já ofereciam esse recurso fundamental: a possibilidade de se utilizar símbolos para representar as instruções do processador e os endereços de memória dos seus operandos.

1.3 Abstração

> *"O processo de abstrair, isto é, deixar características de fora, é uma comodidade indispensável." [Hayakawa63]*

O nome "Edson Arantes do Nascimento" representa uma pessoa em particular, natural de Três Corações (MG) e que foi jogador do Santos Futebol Clube. Como acontece com os nomes próprios em geral, há uma relação precisa entre o símbolo (o nome) e o objeto concreto representado (a pessoa).

Quando nos referimos ao "Rei do Futebol" estamos destacando apenas as características profissionais daquela mesma pessoa, deixando de fora (abstraindo) suas demais características como a cidade onde nasceu e quantos filhos teve. Com isso, estamos nos distanciando da realidade, de infinita complexidade, para criar uma representação de uma imagem simplificada dessa realidade. Subimos, portanto, um degrau numa escala de abstração crescente. Podemos prosseguir nesse sentido criando símbolos ainda mais abstratos, de imagens cada vez mais simplificadas de um mesmo objeto concreto.

As linguagens de programação de terceira geração, também chamadas "de alto nível", como Fortran, COBOL e Algol, se caracterizavam por proporcionar ao programador níveis de abstração mais elevados que as linguagens de segunda geração. Expressões aritméticas, vetores e arquivos são algumas das abstrações que simplificam enormemente o trabalho de programação nessas novas linguagens quando comparadas, por exemplo, com Assembler.

1 Fundamentos do Modelo de Objetos • 3

1.4 Classificação e Instanciação

> **"classe.** *S. f. Lóg. Conjunto de objetos que se define pelo fato de tais objetos, e só eles, terem uma ou mais características comuns."* *[Dicionário Aurélio]*

Quando tentamos compreender o ambiente em que vivemos, buscamos, intuitivamente, identificar semelhanças e diferenças entre as diversas coisas que nos cercam. Percebemos, por exemplo, que há uma semelhança entre o sangue e a água, pois ambos escorrem entre nossos dedos, assim como percebemos que alguns animais podem voar e outros não.

Procuramos identificar características, como "escorre" ou "sabe voar", que nos ajudem a distinguir uma coisa da outra - a selecionar. Ao mesmo tempo juntamos - categorizamos - as coisas que não conseguimos distinguir daquela forma, que consideramos semelhantes. Criamos, assim, classes (ou categorias) que representam conjuntos de coisas com características semelhantes, por exemplo, "líquido" e "ave".

Através dessas classes, simplificamos a nossa visão da realidade tratando coisas diferentes como se fossem iguais, ou seja, abstraindo as diferenças entre elas. Com isso podemos adotar uma maneira uniforme de agir ao enfrentar situações diversas, sem dispender um novo esforço de avaliação e planejamento. Por exemplo, se algo redondo, leve e macio se aproxima, então deve ser "do tipo bola", portanto, chute-a de volta, não importando a cor, o cheiro ou o que tenha dentro dela. É bastante provável que isso seja a coisa certa a fazer.

Uma classe, portanto, é um conceito abstrato e totalmente arbitrário. Um mesmo objeto concreto pode ser visto como pertencente a classes diferentes, dependendo do ponto de vista, da cultura e dos interesses de quem o faz.

Se estivermos interessados em estudar problemas cardíacos relacionados com a prática de esportes, por exemplo, podemos criar a classe "jogador de futebol" para nos referirmos ao conjunto de pessoas que praticam aquela modalidade de esporte, nela incluindo tanto "O Rei do Futebol" como qualquer "perna-de-pau" de fim de semana. Isso nos permite buscar características comuns a um amplo conjunto de pessoas, como a reação a um determinado tratamento.

A linguagem de programação Simula-67 [Dahl70], derivada de Algol [Backus63],

4 • Programação Orientada a Objetos Usando Java™

introduziu o conceito de classes permitindo a definição de abstrações com características (atributos e operações) a serem aplicadas a um conjunto de objetos manipulados pelo programa (instâncias concretas da classe).

1.5 Generalização e Especialização

Em nosso processo natural de categorização empregamos duas outras operações básicas: a generalização e a especialização.

Através da especialização criamos uma nova classe para agrupar parte dos elementos de uma classe já existente, que se diferenciam dos demais elementos dessa mesma classe. Por exemplo: examinando os elementos da classe "carro" caracterizados como: meio de transporte, automotor, sobre rodas, dispensa trilhos, para pessoas, uso individual ou familiar; podemos identificar uma subclasse "carro esportivo" abrangendo os elementos da classe "carro" que se caracterizam por: potente e veloz. A subclasse é também chamada de partição.

A generalização opera no sentido inverso, criando uma nova classe, mais genérica, para representar os elementos de duas ou mais classes existentes. Por exemplo: podemos agrupar os elementos das classes "carro", "barco" e "metrô" numa superclasse "veículo de transporte de passageiros", que incluirá todos os elementos que reúna as características: meio de transporte, automotor, para pessoas.

1.6 Hierarquias de Classes

Através das operações de generalização e especialização criamos inúmeras hierarquias para organizar o nosso conhecimento científico: as chamadas taxonomias.

Um cientista da natureza interessado num vegetal exótico, por exemplo, procura identificá-lo através de suas características observáveis, tentando «encaixá-lo» numa das classes mais especializadas das taxonomias botânicas existentes. Caso isso não seja possível, em se tratando de um elemento com características significativamente distintas dos outros já classificados, cria-se uma nova classe que é incluída numa das classes mais genéricas existentes e que lhe seja «mais próxima» (de menor diferença). Suponhamos que aquela planta exótica possua um grande número de características comuns aos elementos de uma classe genérica denominada «Magnoliófitas». Com isso o conhecimento que já se tem acumulado sobre essa classe de vegetais, como suas aplicações medicinais, por exemplo, é transferido para a nova espécie encontrada e reduz-se a investigação às diferenças entre a

1 Fundamentos do Modelo de Objetos • 5

nova espécie e outras «Magnoliófitas». Em outras palavras, a nova classe «herda» o que já conhecemos sobre a superclasse.

Foram as primeiras linguagens de programação orientadas a objetos, como Smalltalk, que introduziram recursos para definição de hierarquias de classes e herança de comportamento.

1.7 Hierarquias Todo-Partes

> "hierarquia. *S. f. Fig. Série contínua de graus ou escalões, em ordem crescente ou decrescente; escala.*" *[Dicionário Aurélio]*

Outro recurso que utilizamos intuitivamente na tentativa de compreender uma realidade complexa é a decomposição de um todo em várias partes menores, que sejam mais simples de serem observadas e analisadas separadamente.

Para nos ajudar a entender o corpo humano, por exemplo, o dividimos em cabeça, tronco e membros. Cada uma dessas partes pode ser subdividida, sucessivamente, em partes menores, como mãos, dedos, falanges, ossos, células, etc. Chamamos de agregação a operação inversa, quando criamos uma nova abstração (o agregado) a partir de um conjunto de objetos relacionados (os componentes). Por exemplo, uma constelação formada por um conjunto de estrelas espacialmente relacionadas.

Algumas linguagens de programação, ainda de segunda geração, como Macro Assembler, já ofereciam recursos para decomposição de um todo em partes menores tanto na definição de dados estruturados em registros ("*structures*") como na definição de estruturas de procedimentos modulares ("*procedures*"). Esses recursos se tornaram amplamente disponíveis nas linguagens de terceira geração.

1.8 Conceito de Tipo

> "tipo. *S. m. Coisa que reúne em si os caracteres de uma classe.*" *[Dicionário Aurélio]*

Como vimos nas seções anteriores, uma classe é uma abstração que representa um conjunto finito e bem determinado de elementos. A classe "animal", por exemplo, representa o conjunto de todos os animais já existentes sobre a face da terra.

6 • Programação Orientada a Objetos Usando Java™

Ainda que o seu número seja desconhecido com precisão, esse conjunto é finito e bem determinado.

Em muitas situações, porém, não queremos nos referir a um conjunto determinado de elementos, mas sim a um elemento hipotético, sem especificarmos precisamente qual. Textos legais e regulamentos são exemplos de tais situações, como no aviso: "Ao convidado do sócio não é permitida a prática de atividades esportivas nas dependências do clube." A expressão "convidado do sócio" é utilizada para representar uma pessoa ainda indeterminada. Mesmo não havendo convidados no clube aquela frase permanece válida e permite formularmos hipóteses e anteciparmos conclusões como: "se eu for convidado, não poderei nadar na piscina".

Em situações como essa, empregamos uma nova abstração que é um modelo idealizado para representar um elemento indeterminado. Estamos abstraindo (deixando de fora) os elementos do mundo real e criando um elemento imaginário - o tipo - que poderá, posteriormente, ser substituído por um elemento concreto.

Frequentemente definimos tipos associados a determinadas classes, numa relação biunívoca. Considere, por exemplo, a frase «O associado deverá tirar a foto na secretaria do clube dentro do horário de funcionamento». Podemos presumir que há uma relação direta entre o tipo «associado» e a classe «sócio»: qualquer elemento da classe «sócio» pode ocupar o lugar de «associado». Se João pertence à classe sócio então João é associado e, consequentemente, João deverá tirar a foto na secretaria do clube dentro do horário de funcionamento.

Essa relação biunívoca entre uma classe e um tipo não é, porém, sempre necessária. Analisando a frase «O Conselho Deliberativo será dirigido por um Presidente, escolhido entre seus membros por voto da maioria», por exemplo, podemos identificar um conjunto determinado de pessoas, que formam a classe «membro do Conselho». Podemos definir ainda dois tipos de pessoas: o tipo «Conselheiro», que representa um elemento qualquer daquela classe, e o tipo «Presidente», que representa um elemento em especial daquela mesma classe. Temos, assim, de um lado, uma hierarquia de tipos onde «Presidente» é um subtipo de «Conselheiro» e, de outro lado, uma única classe «membro do Conselho».

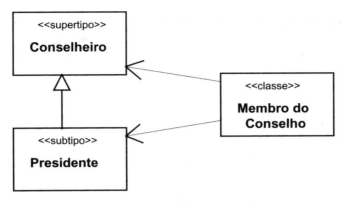

Figura 1.1: Exemplos de hierarquia de tipos.

Alguns autores não fazem essa distinção entre classe e tipo, utilizando os dois termos como sinônimos. O mesmo ocorre em algumas importantes linguagens de programação orientadas a objetos, como C++. As linguagens mais modernas, como Java, já oferecem recursos distintos para definição de hierarquias de classes e de tipos.

1.9 Evolução das Técnicas de Programação

A evolução da programação de computadores é marcada por três desenvolvimentos de enorme impacto nos seus parâmetros de produtividade e qualidade: as linguagens de alto nível, na década de 60, as técnicas de programação estruturada [Dijkstra69], na década de 70 e, atualmente, as técnicas de orientação a objetos [Liskov77].

Foram as linguagens de alto nível, como Fortran e COBOL, que, ao permitir o desenvolvimento de programas portáteis entre diferentes computadores, tornaram economicamente viável o desenvolvimento de sistemas de grande porte, de vida útil superior a de várias gerações de computadores.

O desenvolvimento de sistemas de grande porte, porém, passou a exigir programas cada vez maiores e mais complexos. O sucesso da programação estruturada se deve justamente por sistematizar o desenvolvimento desses programas, através de uma estratégia de divisão e conquista: cada programa é dividido em vários subprogramas, que são coordenados utilizando-se estruturas de controle de fluxo de execução simples e bem definidas (*if-then-else, do-until, while-do*, etc.).

1.10 Programação Baseada em Procedimentos

Aplicando as técnicas da programação estruturada a um programa para automação bancária, por exemplo, podemos dividi-lo em quatro módulos (ou subprogramas):

(i)   manutenção de cadastros
(ii)   movimentação de caixa
(iii) caixa automático
(iv)   relatórios para contabilidade

O programa de manutenção de cadastros, por sua vez, divide-se em outros subprogramas, como cadastro de cliente, abertura de conta, alteração de dados da conta, e assim, sucessivamente, até obtermos subprogramas suficientemente simples e pequenos para serem codificados com facilidade. A Figura 1.2 ilustra parte da estrutura desse programa.

Esse método de estruturação através de refinamentos sucessivos [Wirth71], se caracteriza por partir de uma visão global centrada em procedimentos para solução de um problema, que é detalhada gradualmente até o nível dos comandos da linguagem de programação utilizada.

Note que é criada uma hierarquia de procedimentos, com uma nítida relação de subordinação entre os subprogramas, ou seja, os subprogramas dos níveis inferiores apenas respondendo a requisições oriundas de um subprograma de nível superior.

Outro ponto importante a observar é que os dados da aplicação ficam separados dos subprogramas que os manipulam. Os níveis superiores da estrutura tendem a concentrar a maior parte dos dados, que são manipulados por diversos subprogramas dos níveis inferiores.

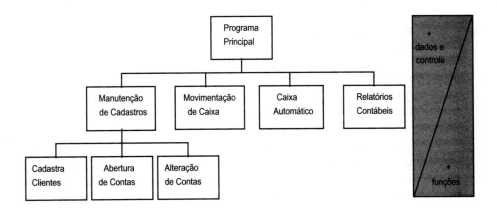

Figura 1.2: Estruturação Baseada em Procedimentos.

1.11 Visibilidade e Proteção de Código e Dados

Um dos problemas da programação estruturada é a forma como são implementados, naquelas linguagens, os conceitos de visibilidade e proteção do código executável e dos dados da aplicação, conforme definidos a seguir:

- **Visibilidade** (*visibility*) é a propriedade de um item de dado ou subprograma que determina quais as partes do código do programa em que pode ser referenciado.

- **Proteção** (*protection*) é a capacidade de um programa impedir que os dados[1] de um subprograma sejam modificados de forma não prevista no próprio subprograma.

Nas linguagens de programação convencionais, como Pascal ou COBOL, essas propriedades são decorrentes da estrutura hierárquica do programa, não havendo mecanismos que permitam atribuí-las de maneira seletiva. Por exemplo: uma variável global é visível em todos os subprogramas enquanto que uma variável local é visível apenas no subprograma onde é definida. Não é dado nenhum tipo de proteção a uma variável global.

À medida em que o porte e a complexidade dos sistemas aumentam, a aplicação das técnicas de programação estruturada pode conduzir a estruturas com centenas

---

[1] Os sistemas operacionais atuais oferecem proteção ao código do programa e, por esse motivo, limitamos a definição apenas à proteção de dados.

de subprogramas. Nessas dimensões, problemas não só de desenvolvimento mas, principalmente, de manutenção assumem proporções dramáticas.

Para ilustrar esse tipo de problema, vamos examinar o que ocorre com uma conta naquele programa para automação bancária estruturado da forma descrita na seção anterior.

No nível mais baixo da estrutura, diferentes subprogramas manipulam os dados da conta, que é criada no subprograma de manutenção de cadastros, recebe lançamentos nos subprogramas de movimentação de caixa e caixa automático e pode ser consultada por qualquer subprograma.

Isso significa que, para verificarmos como o programa implementa a manutenção de uma conta, ao longo de toda sua existência no sistema, precisamos examinar e entender todo o código em que os dados da conta são visíveis, o que pode significar o entendimento de uma grande parte do programa, senão todo ele. Uma modificação aparentemente simples, como a inclusão de um novo atributo, por exemplo, pode produzir efeitos colaterais indesejáveis, provocados pela falta de proteção adequada, inclusive em subprogramas que nem tenham sido alterados. Modificações mais complexas, como a criação de contas especiais com limites de saques negativos, por exemplo, exigem alterações em vários subprogramas, com grande risco de afetar o comportamento do programa em situações desvinculadas do motivo da alteração.

Resumindo, os principais problemas são: (i) a separação entre dados e funções; (ii) a dispersão de funções inter-relacionados por diversos subprogramas; e (iii) a falta de isolamento entre diferentes funções do programa.

As técnicas de orientação a objetos visam, em última instância, resolver esses problemas através de uma nova forma de modularização, com visibilidade e proteção apropriadas, que resulte em programas mais fáceis de desenvolver e manter.

Observe que, na análise feita anteriormente, a unidade principal é uma conta e não um subprograma. Afinal, uma conta possui existência concreta no mundo real, e é sobre ela que recaem as atenções do usuário e, eventualmente, a necessidade de alguma modificação no programa. Num programa orientado a objetos, uma conta seria um de seus objetos.

1.12 Ocultamento de Informação e Encapsulamento[2]

Ocultamento de informação [Parnas72] e encapsulamento [Snyder86] são dois conceitos fundamentais em orientação a objetos, relacionados às noções de visibilidade e proteção vistos na seção 1.11:

- **Ocultamento de informação** (*information hiding*) é o critério para modularização de programas onde cada módulo (subprograma) é caracterizado pelo conhecimento de uma decisão de projeto, que é escondida de todas as outras partes do programa, e sua interface revele o mínimo possível sobre seu funcionamento interno.

- **Encapsulamento** (*encapsulation*) é a técnica para agregação das partes de um subprograma (dados e código) numa forma que seja tratada como uma unidade indivisível pelas demais partes do programa.

De acordo com o princípio do ocultamento de informação, a utilização de um subprograma (ou módulo) deve exigir que se conheça apenas sua interface externa, num nível de abstração mais elevado. O encapsulamento, por sua vez, impede que as partes internas de um subprograma sejam manipuladas diretamente por outras partes do programa. Para isso é necessário o controle tanto da visibilidade como do nível de proteção, de cada elemento do programa.

Para uma melhor compreensão desses conceitos, vamos aplicá-los ao programa para automação bancária da seção 1.10, conforme a seguir.

Podemos criar um novo subprograma reunindo todos os serviços necessários para a manutenção de uma conta pelo sistema: abertura da conta, depósitos, saques, etc. Qualquer subprograma que manipule uma conta passa a fazê-lo, obrigatoriamente, através de chamadas a esse novo subprograma.

Com isso, todo o código necessário para implementação das contas é reunido num único local. A forma como é feita essa implementação fica oculta para o restante do programa e isolada das demais partes do programa. Dizemos que a implementação das contas está oculta e encapsulada no novo subprograma.

---

[2] Utilizamos "ocultamento" e "encapsulamento" como sinônimos de "ocultação" e "encapsulação", respectivamente, por serem formas consagradas pelo uso

As vantagens dessa alternativa para a manutenção do sistema são evidentes. A Figura 1.3 apresenta a estrutura do programa nesse novo contexto.

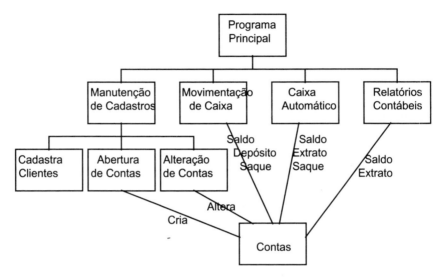

Figura 1.3: Diagrama de Estrutura usando Ocultamento de Informação

Podemos aplicar esse conceito em programas escritos mesmo numa linguagem baseada em procedimentos, tal como Pascal ou Cobol-85, utilizando sub-rotinas com listas de argumentos variáveis ou subprogramas com múltiplos pontos de entrada, por exemplo. As linguagens orientadas a objetos, por sua vez, fornecem o suporte necessário de forma transparente para o programador, além de outros recursos importantes, a serem vistos nos próximos capítulos.

1.13 Tipos Abstratos de Dados e Interfaces

Linguagens de programação tradicionais, como Pascal e C, definem alguns tipos de dados com diferentes domínios, como números inteiros e cadeias de caracteres, e algumas operações válidas para cada um desses tipos. Por exemplo, números inteiros definidos entre -2.147.483.648 e 2.147.483.647, para os quais são válidas as operações de soma, subtração, multiplicação e divisão. Esses tipos de dados são suficientemente genéricos para que possamos representar os dados de nossas aplicações em variáveis desses tipos. Por exemplo, para armazenar um número de conta corrente utilizamos uma variável do tipo inteiro, ainda que não possam existir números de conta negativos, todo número de conta tenha um dígito verificador e a soma de números de conta não faça sentido algum para a aplicação.

Tipos abstratos de dados [Liskov74] permitem definirmos novos tipos de dados mais apropriados para uma determinada aplicação, especificando os domínios e operações válidas para cada tipo.

- **Tipo abstrato de dados - TAD** (*abstract data type - ADT*) é uma classe de objetos (ou itens de dado) que é completamente caracterizada pelas operações que podem ser realizadas com esses objetos.

Uma característica essencial de um tipo abstrato de dados é a independência entre sua especificação e sua implementação, conforme ilustrado através da Figura 1.4. A especificação se restringe ao mínimo necessário para que seja utilizado, ou seja, a forma de chamada (sintaxe) e o significado (semântica) de cada operação prevista para o mesmo. A implementação de um TAD, por sua vez, define uma estrutura de dados que o represente e os algoritmos utilizados para realizar as operações previstas. Uma especificação de um tipo abstrato de dados, portanto, pode possuir diversas implementações, todas com o mesmo comportamento observável externamente.

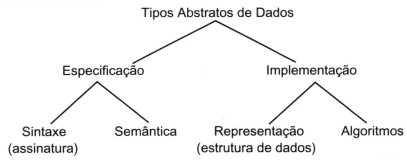

Figura 1.4: Estrutura de um Tipo Abstrato de Dados

Um tipo abstrato de dados proporciona, ao mesmo tempo, o ocultamento de informação e o encapsulamento de sua implementação. A visibilidade de seus objetos é restrita à sua interface, conforme definida a seguir, e sua implementação é protegida das demais partes do programa.

- **Interface** (*interface*) é a especificação das operações que caracterizam o comportamento de um tipo abstrato de dados.

14 • Programação Orientada a Objetos Usando Java™

Poderíamos, por exemplo, definir a seguinte interface para um tipo abstrato de dados NumConta, específico para números de contas correntes:

- `criaNúmeroDeConta(int n)` - converte o número inteiro n num item de dado do tipo `NumConta`;

- `char calculaDígitoVerificador()` - fornece um caractere contendo o dígito verificador do número da conta, de acordo com a regra de cálculo adotada pelo Banco;

- `String formataNúmeroDaConta()` - produz uma cadeia de caracteres com os dígitos significativos do número da conta seguido do seu dígito verificador, separados por "-".

Um tipo abstrato de dados garante que somente essas operações podem ser executadas sobre um número de conta. A implementação dessas operações permanece oculta para o restante do programa e protegida contra manipulações indevidas.

Erros de programação comuns, como a atribuição de um valor inteiro qualquer, que não seja um número de conta válido, a uma variável definida para armazenar o número de uma conta, podem ser detectados ainda na fase de compilação do programa, como ilustrado através do exemplo seguinte.

Sem uso de TAD:

```
int conta;        // numero da conta corrente
int cont=0;       // contador qualquer
...
conta++;          // incrementa numero da conta !! ao invés
                  //     de incrementar o contador, porém
                  // ... compila OK, gerando BUG no programa !
```

Usando TAD:

```
NumConta conta;   // numero da conta corrente
int cont=0;       // contador qualquer
...
conta++;          // operação é inválida para o tipo NumConta
                  //     e o compilador acusa o erro
```

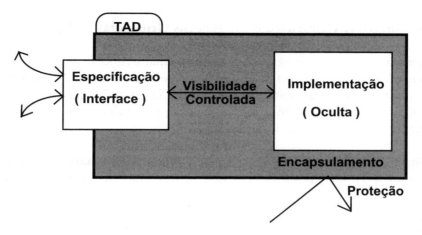

Figura 1.5: Encapsulamento e Proteção do TAD

1.14 Um Exemplo de Programa Orientado a Objetos

As técnicas de orientação a objetos induzem, naturalmente, ao uso generalizado de tipos abstratos de dados. Isso altera radicalmente a estrutura do programa, se comparada com aquela estrutura hierárquica clássica da programação estruturada.

Em uma situação que um cliente pode manter contas em várias agências e que uma conta pode ser movimentada por vários clientes, como ficaria a estrutura do nosso programa se utilizássemos tipos abstratos de dados para contas, clientes e agências, encapsulando todas as funções relacionadas com esses objetos ?

É fácil perceber que não é possível estabelecer uma relação hierárquica entre contas, agências e clientes. Temos agora relacionamentos não hierárquicos entre instâncias de tipos abstratos de dados ou, mais precisamente, uma rede de associações entre objetos da aplicação.

Nos capítulos seguintes serão apresentados, com detalhes, outros conceitos necessários para a correta interpretação dos diagramas de classes. Por ora, é suficiente perceber que a passagem da programação estruturada para a programação orientada a objetos vai além do aprendizado de uma nova linguagem de programação. É preciso, antes de tudo, adotar um novo ponto de vista ao analisarmos um problema de programação, passando a enxergar objetos numa rede de colaborações ao invés de procedimentos organizados hierarquicamente.

1.15 Um Breve Histórico das Linguagens Orientadas a Objetos

A primeira linguagem de programação a implementar o conceito de classes, com o encapsulamento de dados e funções, foi Simula-67 [Dahl70] que é considerada a precursora das linguagens orientadas a objetos. Smalltalk-72 [Ingalls78], Ada [DoD83], C++ [Stroustrup86] e Eiffel [Meyer88] foram alguns desenvolvimentos importantes baseados nessa linguagem.

Smalltalk-72 foi de grande importância para a difusão da programação orientada a objetos por ter sido a primeira, desse tipo, de uso geral e destinada a computadores pessoais.

A linguagem Ada resultou de uma iniciativa do Departamento de Defesa Norte americano (DoD) visando a adoção de uma linguagem padrão para desenvolvimento de sistemas. Conserva características também de uma linguagem baseada em procedimentos, sendo uma linguagem de uso geral rica em recursos para desenvolvimento de sistemas em tempo real.

A linguagem C++ incorpora recursos de orientação a objetos mantendo a compatibilidade com o padrão ANSI C já existente. Essa dualidade foi necessária em vista da enorme quantidade de programas em C já existentes e que não são orientados a objetos, porém tornou a programação em C++ menos segura do que numa linguagem 100% orientada a objetos.

A principal característica da linguagem Eiffel, que a diferencia daquelas citadas anteriormente, é ser aplicável também às fases de análise e projeto de sistemas, oferecendo suporte à metodologia conhecida como «projeto por contrato» . Ao contrário de Smalltalk, Ada, C++ e outras linguagens com padrões ANSI/ISO definidos, o desenvolvimento da linguagem Eiffel ainda é controlado por um pequeno consórcio, liderado pela empresa de seu criador. Talvez por isso, sua utilização ainda seja relativamente restrita.

A linguagem Java, criada em 1995 pela empresa Sun Microsystems, representa uma nova geração de linguagens orientadas a objetos, derivada de C++. Se coloca como uma alternativa mais segura que C++, por manter uma forte semelhança com ela, porém inteiramente aderente aos princípios de orientação a objetos. Outra característica importante, responsável por sua rápida popularização, é sua adequação ao desenvolvimento de sistemas distribuídos e sua integração com a Internet, onde é largamente empregada.

Assim como ocorreu com a linguagem C, outras linguagens importantes baseadas em procedimentos, como Pascal e COBOL, já possuem suas extensões orientadas a objetos.

Uma das motivações iniciais que contribuíram para promover o interesse pelas linguagens orientadas a objetos foi a maior possibilidade de reutilização de software oferecida pelas mesmas, através de bibliotecas de classes e "frameworks" orientados a objetos. A programação de interfaces gráficas (GUI) em ambientes do tipo Windows é um dos exemplos mais comuns de aplicação dessas técnicas. As chamadas linguagens visuais, como VisualBasic e Delphi (derivada de Pascal), por exemplo, utilizam intensivamente essa tecnologia.

Tal como ocorreu com a programação estruturada, cujos fundamentos originaram metodologias estruturadas de análise e projeto de sistemas, os conceitos de orientação a objetos se propagaram para todas as fases do ciclo de vida do software. As metodologias de Coad-Yourdon (OOA e OOD) [Coad91], Booch [Booch91] e OMT [Rumbaugh91] são alguns exemplos de métodos de análise e projeto orientados a objetos, que estão substituindo rapidamente as metodologias estruturadas. Em 1997 foi concluída uma proposta de notação para modelos de sistemas orientados a objetos denominada UML (*Unified Modeling Language*) [Rational97], que vem se firmando como um padrão de fato.

Diferentemente das técnicas estruturadas, que tiveram sua influência limitada aos métodos de desenvolvimento de software, a tecnologia de objetos já alcança as áreas de interfaces homem-computador, bancos de dados, sistemas distribuídos e sistemas operacionais. Bancos de dados orientados a objetos, que se integram de forma mais natural às novas linguagens orientadas a objetos, já constituem uma alternativa aos bancos de dados relacionais, principalmente em aplicações que manipulam estruturas de dados complexas, por exemplo, na área de projetos de engenharia (CAD). Os principais ambientes de sistemas distribuídos, como CORBA [OMG96] e DCOM, já foram projetados visando o suporte a aplicações orientadas a objetos.

Todos esses fatos apontam na mesma direção: a tecnologia de objetos está cada vez mais presente no cotidiano do desenvolvimento de software. A sua compreensão é, portanto, essencial para todos que pretendem participar ativamente desse jogo, sejam profissionais ou usuários da área de Informática.

1.16 Referências

J. F. Sowa. *Conceptual Structures*. Addison-Wesley. 1984.

S. Ambler, The Object Primer: Agile Model-Driven Development with UML 2.0. 3rd Edition. Cambridge University Press. 2004.

S. I. Hayakawa. *A Linguagem no Pensamento e na Ação*. Livraria Pioneira Editora. SP. 1963.

Aurélio B. H. Ferreira. *Dicionário Aurélio Básico da Língua Portuguesa*. Editora Nova Fronteira S/A. 1988.

1.17 Exercícios de Fixação

1. Modele uma fila de veículos, considerando veículos terrestres (de duas, quatro ou mais rodas e também sem rodas), aquáticos, aéreos e anfíbios (terrestres e aquáticos). Essa fila deve ser genérica o suficiente para enfileirar todos os tipos de veículos acima. A sua hierarquia deve também conter classes específicas para representar objetos dos seguintes tipos: bicicleta, motocicleta, carro, caminhão e ônibus.

2. Construa uma hierarquia que represente os diversos tipos de contas disponíveis para os clientes do seu banco. Defina os atributos de cada classe, assim como as suas operações básicas.

3. Construa uma hierarquia que represente diferentes tipos de carteiras de dinheiro. Considere as partes de uma carteira, assim como os seus atributos e comportamento básico.

4. Suponha que você esteja modelando um jogo de cartas. Responda:

    a. Represente uma classe que represente um baralho de cartas (classe BARALHODECARTAS). Quais os atributos e operações você deveria oferecer na interface pública dessa classe?

b. Faria sentido você modelar essa abstração usando duas classes separadas: uma para modelar o baralho (classe BARALHODECARTAS) e outra para representar cada uma das cartas individualmente (classe CARTA)? Por que? Caso sim, construa o diagrama de classes.

5. Crie um modelo que represente uma garagem de carros. Considere que cada carro pode ser estacionado e retirado da garagem. Quantas abstrações você acha que são necessárias para que um modelo represente o mais fielmente possível a realidade? Identifique alguns atributos que cada uma das classes identificadas pode ter.

6. Conforme apresentado na Figura 1.6, suponha que existe uma classe LISTA, que tem as seguintes operações: ADICIONARINICIO(), ADICIONAR-FIM(), REMOVERINICIO(), REMOVERFIM(),

7. RETORNARINICIO() e RETORNARFIM(); além disso, existe uma classe FILA, que é do tipo LISTA e possui algumas operações específicas: ENFILEIRAR(), DESENFILEIRAR() e RETORNARPRIMEIRO().

Existe alguma desvantagem em ter a classe FILA como subclasse de LISTA? Qual (is)? Refaça a modelagem, corrigindo esse problema e comente sobre a sua solução.

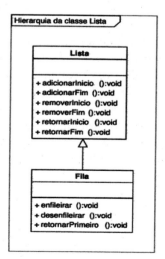

Figura 1.6: Hierarquia de classes Lista.

20 • Programação Orientada a Objetos Usando Java[TM]

8. Considere o trecho de pseudocódigo de uma linguagem orientada a objetos, apresentado na Figura 1.7. De acordo com os tipos de visibilidade da linguagem UML, responda para cada uma das atribuições da variável Z, se ela é válida ou não, justificando sua resposta.

9. Especifique o modelo conceitual do sistema especificado na questão 8.

10. O Hotel Windsor Plaza tem 5 salas de palestras (numeradas de 1-5) e 40 quartos (numerados de 6-45). Os quartos de 6-15 são "single" e os quartos de 16-45 são "double". Quando o cliente entra no hotel, eles são alocados para o primeiro quarto disponível do tipo requerido por ele. Além disso, o cliente preenche uma ficha com seus dados pessoais juntamente com o nome do pagador (i.e. quem efetivamente está pagando pelo quarto). Se é o próprio cliente quem vai pagar pelo seu quarto, este campo é preenchido como "privado"; caso contrário, o nome da companhia ou organização é anotado. As tarifas para um quarto "single" é de R$100,00, para um quarto "double" é de R$200,00 e para uma sala de palestras é de R$300,00. Existe apenas 1 conjunto de equipamentos de apresentação no hotel que pode ser movido entre as salas de palestras.

O sistema de controle de reservas dos cômodos do hotel permite que um cliente seja alocado para um quarto disponível e garante que o cômodo esteja disponível para futuras reservas assim que o cliente sai do hotel. Suponha que o sistema não lide com datas, de forma que as entradas/saídas dos clientes e as mudanças do equipamento entre as salas sejam puramente eventos que ocorrem em tempo de execução. O sistema é capaz de fornecer as seguintes informações na tela:

a. Quantos cômodos estão sendo correntemente ocupados.
b. Os números de quartos correntemente ocupados e detalhes dos seus hóspedes.
c. Os números de salas de palestras que contêm o equipamento.

1 Fundamentos do Modelo de Objetos • 21

```java
//*****************************************
// arquivo A.java
//*****************************************
public class A {
    int v; // visibilidade de pacote
    private int x;
    protected int y;

    public int m1() {return x;}
} //fim da classe A


//*****************************************
//arquivo b.java
//*****************************************
public class B extends A {
    private int z;
    public void m2(A a){
        z = v; // [1]
        z = x; // [2]
        z = y; // [3]
        z = m1(); // [4]
        z = a.v; // [5]
        z = a.x; // [6]
        z = a.y; // [7]
        z = a.m1(); // [8]
    } //fim de m2()
} //fim da classe B
```

Figura 1.7: Visibilidade OO.

2 Objetos e Classes

Neste capítulo é explicado como os objetos interagem num programa para realizar uma ação determinada, definindo-se os conceitos de objeto, identidade, estado, atributo, comportamento, operação, mensagem e método. Além disso, é descrito o ciclo de vida dos objetos num programa, desde a sua criação, através do comando new, até sua possível destruição. São apresentados também os conceitos de referência de objetos, métodos construtores, coleta de lixo e objetos persistentes. É explicado também como o conceito de tipo abstrato de dados é aplicado para modelar o comportamento dos objetos, introduzindo-se os conceitos de classe, instância, pré e pós-condições e assinatura de método. Finalmente, é apresentada a sintaxe de Java para definição de classe, através de um exemplo completo.

Ao final deste capítulo, o leitor deverá ser capaz de identificar possíveis objetos de uma aplicação, especificar os tipos abstratos de dados apropriados e implementá-los através de definições de classes Java, bem como deverá entender como a memória do programa é utilizada para armazenar os objetos, fazendo distinção entre um objeto e sua referência. Deve ser capaz também de definir métodos construtores, criar objetos e utilizá-los num programa, enviando mensagens e recebendo resultados.

2.1 Introdução

No capítulo anterior foi dito que, em orientação a objetos, um programa é visto como um conjunto de objetos que colaboram para realizar uma tarefa. Iremos mostrar agora como isso acontece.

Vamos analisar uma situação comum em nosso dia a dia: José, cliente de um banco, utiliza um caixa automático para retirar dinheiro de sua conta número 123. José se dirige ao caixa automático e fornece o número da conta, a senha e o valor desejado. O caixa automático envia esses dados para o computador onde está armazenada a conta 123. Os dados fornecidos por José são confrontados com as informações da conta (senha cadastrada e saldo disponível) e, estando corretos, o caixa automático é autorizado a efetuar o pagamento, que fornece o dinheiro a José.

24 • Programação Orientada a Objetos Usando Java™

Podemos, de forma simplificada, identificar os seguintes objetos interagindo nessa operação: o cliente José, o caixa automático e a conta 123. Para que o saque fosse efetuado, cada um desses objetos realizou partes da ação: José forneceu os dados da operação e retirou o dinheiro; a conta 123 conferiu os dados fornecidos por José e autorizou a operação; o caixa automático intermediou a operação entre José e a conta 123, e forneceu o dinheiro a José.

Ao realizar sua parte da ação, cada um desses objetos o fez sem precisar revelar ao outro detalhes de como a realizou. Para José, o mecanismo que faz o caixa automático funcionar permaneceu oculto. Para o caixa automático não importou o critério que a conta utilizou para autorizar a operação, poderia ter sido tanto uma conta corrente comum como uma conta especial, que permitisse saques além do saldo da conta, por exemplo. A conta 123, por sua vez, ignorou a forma como a operação se originou, que poderia ter sido de um caixa convencional ou de um terminal de comércio eletrônico, por exemplo.

Isso foi possível porque toda comunicação entre esses objetos se deu por meio de simples mensagens. José enviou ao caixa automático a mensagem "operação de retirada" que foi respondida com "pode retirar o dinheiro". O caixa automático enviou à conta a mensagem "debite valor" que foi respondida com "valor debitado".

Nas seções seguintes vamos definir uma classe para implementar um tipo abstrato de dados englobando todas as contas correntes de um Banco hipotético (Figura 2.2). Para isso, vamos supor que as contas correntes se comportam da seguinte forma:

i. as contas são sempre individuais e a única informação necessária a respeito do cliente é o seu nome;

ii. as contas são identificadas através de números, atribuídos no momento da abertura da conta, quando é feito um depósito inicial;

iii. uma vez criada uma conta, ela pode receber lançamentos de dois tipos: créditos ou débitos, que são identificados por um histórico do lançamento;

iv. o saldo de uma conta corrente nunca pode ficar negativo. Qualquer lançamento de débito em valor superior ao saldo deve ser rejeitado.

v. para cada conta devem ser armazenados os 10 últimos lançamentos efetuados;

vi. deve ser prevista também uma operação de consulta de saldo;

vii. débitos e consultas de saldo só podem ser efetuados se fornecida uma senha numérica, que é definida pelo cliente na criação da conta;

viii. se, na movimentação da conta, o saldo se igualar a zero, a conta é automaticamente encerrada, não podendo mais receber lançamentos nem ser reaberta.

A partir desse exemplo podemos definir mais alguns conceitos básicos da programação orientada a objetos.

Objeto (*object*) é uma entidade do universo da aplicação, ou de sua implementação. Pode ser uma entidade concreta, como um cliente ou um caixa eletrônico, ou abstrata, como uma conta bancária ou uma estrutura de dados em lista. Um objeto possui identidade própria, estado e comportamento.

Identidade (*identity*) é uma característica do objeto que permite apontá-lo em particular, distinguindo-o de qualquer outro objeto. A identidade de um objeto pode ser estabelecida através de informações como o nome do cliente, o número da conta bancária ou simples referências como "o caixa mais à direita". A identidade do objeto encapsula seu estado e comportamento.

Estado (*state*) é a condição ou situação do objeto num determinado instante. Um caixa automático pode estar aguardando uma nova operação, processando uma operação de retirada, efetuando um pagamento, ou fora de operação, por exemplo. Uma conta bancária pode estar ativa ou encerrada, com um determinado saldo disponível. O estado do objeto é descrito por um conjunto de propriedades ou atributos.

Atributo (*attribute*) é uma propriedade de um objeto, que pode variar ao longo do tempo. Exemplos: o saldo em caixa, o número da conta, o tipo de conta.

Comportamento (*behavior*) é o conjunto dos efeitos observáveis e resultados obtidos em decorrência das operações realizadas sobre um objeto.

Operação (*operation*) é a especificação da ação executada por um objeto em resposta a uma determinada mensagem. Por exemplo: ao receber a mensagem "debite valor", a conta verifica se a senha está correta e se o valor do débito é compatível com o saldo disponível, em caso afirmativo efetua o lançamento e atualiza o saldo. Uma operação é implementada através de um método.

Mensagem (*message*) é uma comunicação entre dois objetos visando a realização de uma determinada operação sobre o objeto que recebe a mensagem. Uma mensagem pode carregar informações, através de um ou mais parâmetros (*parameters*). A mensagem "debite valor" enviada a uma conta, por exemplo, carrega consigo a senha, possivelmente usando alguma forma de criptografia, e o valor a debitar. Mensagens são a principal forma de interação entre objetos de uma aplicação.

Método (*method*) define uma forma de implementação de uma operação. A operação "debita valor", por exemplo, poderia ser implementada através do seguinte método:

i.   executa a função criptográfica F(), fornecendo como parâmetros a senha da operação, a senha cadastrada e o valor da operação;

ii. se o resultado de F() for "falso" ou o valor a debitar for superior ao saldo disponível, então rejeita a operação;

iii. inclui o débito na lista de lançamentos da conta;

iv. subtrai o valor do débito do saldo disponível;

v.   retorna "valor debitado".

2.2 Objetos e Mensagens

Para representarmos uma sequência de mensagens e respectivas ações envolvendo dois ou mais objetos podemos utilizar um dos diagramas definidos pela notação UML (*Unified Modeling Language*), denominado diagrama de sequência (*sequence diagram*), conforme ilustrado pela Figura 2.1.

Os objetos são representados no topo do diagrama, de onde partem linhas tracejadas verticais representando o transcurso do tempo. As barras grossas sobre uma dessas linhas representam uma ação qualquer que está sendo executada pelo objeto. As setas que interligam essas barras representam as mensagens trocadas entre os objetos.

Figura 2.1: Diagrama de sequência para a retirada de dinheiro.

2.3 Classificação e Instanciação

No exemplo anterior haviam apenas três objetos: José, o caixa automático e a conta 123. Em aplicações reais poderão existir milhares de objetos, como todas as contas de um banco ou todos os contribuintes do Imposto de Renda, por exemplo.

Seria, obviamente, inviável modelar o comportamento de cada um desses objetos individualmente. O que fazemos é:

i. agrupar os objetos da aplicação em conjuntos de objetos com comportamento semelhante, como o conjunto de todas as contas correntes, por exemplo;

ii. definir, para cada um desses conjuntos, um tipo abstrato de dados, especificando suas operações características;

iii. implementar os tipos abstratos de dados. Em Java, assim como em outras linguagens orientadas a objetos, essa implementação é feita através de definições de classe (class definition).

Numa aplicação bancária, como a do exemplo da seção 1.10, podemos definir uma classe ContaCor para implementar um tipo abstrato de dados abrangendo todas as contas correntes do Banco. Nessa classe são definidos métodos e atributos que modelam o comportamento de uma conta corrente qualquer. Os objetos que representam as contas existentes são, então, criados (instanciados) a partir dessa classe, de modo que cada um deles reproduza o comportamento especificado para aquela classe de objetos.

Classe (*class*) Uma classe define uma implementação para um tipo abstrato de dados.

Instância (*instance*) Um objeto em particular, cujo comportamento é definido pela classe a que pertence.

Uma classe é, portanto, estática, isto é, a definição de uma classe se mantém inalterada durante toda a execução do programa. Os objetos, por sua vez, são de natureza essencialmente dinâmica, isto é, podem ser criados durante a execução do programa, receber mensagens, executar operações, enviar mensagens para outros objetos e alterar o seu próprio estado.

Na Figura 2.2 estão representadas, usando a notação da UML, as relações de instanciação e classificação entre a classe ContaCor e dois objetos instanciados a partir da mesma: as contas 1 e 2. O retângulo que representa a classe está dividido em três partes: (i) a parte superior, reservada para o nome da classe, (ii) a parte central, onde podemos relacionar os atributos, e (iii) a parte inferior para os métodos definidos na classe. Os sinais que precedem os nomes dos atributos e métodos especificam suas visibilidades: o sinal - indica acesso privado (private) e o + público (public).

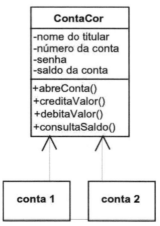

Figura 2.2: Classificação e Instanciação

2.4 Especificação do Tipo Abstrato de Dados ContaCor

Uma análise do comportamento das contas correntes do nosso exemplo (especificado na seção 1.10) permite identificar quatro operações características desse tipo abstrato de dados: abreConta, creditaValor, debitaValor e consultaSaldo. A especificação desse TAD deve definir a sintaxe e a semântica de suas operações.

A **especificação sintática** de uma operação é descrita pela sua *assinatura*, que contém o nome da operação e os tipos do seu resultado e dos parâmetros requeridos, não apresentando maior dificuldade. Iremos utilizar a seguinte convenção sintática para especificação das assinaturas das operações:

```
<tipo-do-resultado> :: <nome-da-operação> ( <tipos-dos-parâmetros> )
```

Caso a operação não forneça um resultado (ou não requeira nenhum parâmetro), o tipo do resultado (ou a lista de tipos dos parâmetros) será omitido(a).

A **especificação semântica**, por sua vez, determina o comportamento da operação, o que inclui, além do significado do resultado e de cada um dos parâmetros, o efeito da operação sobre o estado observável do objeto. Para isso, iremos utilizar pré-condições, pós-condições e invariantes, conforme definidos a seguir[Meyer88].

Pré-condição (*pre-condition*) Define uma condição pré-existente necessária para que a operação possa ser executada.

Pós-condição (*postcondition*) Define uma condição final a ser assegurada depois que a operação é executada.

Invariante (*invariant*) Define uma condição, relativa ao estado observável de um objeto, que nunca deve ser violada pela operação. Uma invariante de classe aplica-se a todas as operações definidas para a classe.

A seguir, apresentamos as especificações sintática e semântica para as operações definidas pela classe ContaCor (Figura 2.2).

2.4.1 (i) Operação abreConta
Assinatura:
::abreConta(nome, valor, inteiro, inteiro)

30 • Programação Orientada a Objetos Usando Java™

Resultado:
- Não há.

Parâmetros requeridos:
- nome do titular, depósito inicial, número da conta e senha

Pré-condições:
- A conta não pode ter sido aberta anteriormente.

Invariantes
- Não há.

Pós-condições:
- Armazenados o nome do titular, o número da senha da conta.
- Saldo da conta igual ao depósito inicial.
- Abertura da conta incluída no histórico da conta.
- Conta ativa, podendo receber lançamentos.

2.4.2 (ii) Operação creditaValor

Assinatura:
::creditaValor(texto, valor)

Resultado:
- Não há.

Parâmetros requeridos:
- histórico e valor a creditar

Pré-condições:
- A conta deve estar ativa.
- O valor a creditar deve ser maior que zero.

Invariantes
- Não há.

Pós-condições:
- Valor a creditar somado ao saldo da conta.
- Lançamento incluído no histórico da conta.

2.4.3 (iii) Operação debitaValor

Assinatura:
  ::debitaValor(texto, valor)

Resultado:
  - Não há.

Parâmetros requeridos:
  - histórico, valor a debitar e senha informada.

Pré-condições:
  - A conta deve estar ativa.
  - A senha informada deve ser igual à senha da conta.
  - O valor a debitar deve ser maior que zero e não pode ser superior ao saldo da conta.

Invariantes
  - Não há.

Pós-condições:
  - Valor a debitar subtraído do saldo da conta.
  - Conta encerrada, se o saldo se tornar igual a zero.
  - Lançamento incluído no histórico da conta.

2.4.4 (iv) Operação consultaSaldo

Assinatura:
  valor::Consulta Saldo(inteiro)

Resultado:
  - Saldo da conta.

Parâmetros requeridos:
  - senha informada

Pré-condições:
  - A conta deve estar ativa.
  - A senha informada deve ser igual à senha da conta.

Invariantes
- Conta inalterada.

Pós-condições:
- Não há.

Note que as definições acima não dependem da linguagem de programação a ser utilizada na implementação do tipo abstrato de dados.

2.5 Projeto do Tipo Abstrato de Dados ContaCor

O projeto de um tipo abstrato de dados inclui o projeto dos algoritmos e das estruturas de dados que irão implementar as operações especificadas para o mesmo. Para isso, utilizamos as técnicas da programação estruturada, já do conhecimento do leitor. Como, no caso em questão, as operações são bastante simples, vamos nos limitar a definir a estrutura de dados a ser utilizada, escolhendo-se uma forma de representação para cada atributo do TAD ContaCor, conforme a seguir:

- estado da conta (ativa ou inativa): será representado por um código numérico, sendo o valor 1 para contas ativas e o valor 2 para contas inativas;

- nome do titular: armazenado num atributo do tipo String;

- número da conta: um número inteiro qualquer;

- senha: um número inteiro qualquer;

- saldo inicial: um número real maior que zero;

- até 10 últimos lançamentos (histórico, tipo e valor): armazenados em 2 arrays: um vetor do tipo String, para os históricos, e um vetor de números reais, armazenando os créditos com valores positivos e os débitos com valores negativos;

- saldo atual: um número real maior ou igual a zero.

2.6 Implementação do Tipo Abstrato de Dados

O objetivo dessa implementação é produzir código, na linguagem de programação escolhida, capaz de realizar as operações especificadas anteriormente, empregando os conceitos de ocultamento de informação e encapsulamento. Para isso é necessário:

i. definir as assinaturas dos métodos que irão realizar essas operações;

ii. definir uma classe que implemente a estrutura de dados e os métodos que realizam essas operações.

2.7 Definição de Operações em Java

Consiste na definição das assinaturas dos métodos que irão implementar as operações características do tipo abstrato de dados, utilizando a sintaxe da linguagem de programação escolhida (Java).

Assinatura (*signature*) Forma sintática para chamada do método, incluindo o nome do método, a lista de parâmetros e o tipo de cada parâmetro.

A sintaxe geral de Java para a definição de operações é:

```
definição-de-operação
<tipo-de-resultado> <nome-de-método> ([ <lista-de-parametros> ])
```

As definições da sintaxe de Java contidas nesse livro serão apresentadas em fichas como essa, utilizando a seguinte notação:

i.   a aba superior contém o nome do elemento sintático que está sendo definido;

ii. termos delimitados pelos sinais < e >, como <nome-de-método> ou <lista-de-parametros>, chamados meta símbolos, representam um outro elemento sintático, definido à parte, que substitui o meta símbolo no texto do programa;

iii. quando o meta símbolo for considerado autoexplicativo, como <nome-de--método>, por exemplo, sua definição sintática não será incluída no texto;

34 • Programação Orientada a Objetos Usando Java™

iv. os delimitadores [e] são utilizados para indicar que o elemento sintático é opcional;

v. a barra vertical | é utilizada para indicar formas alternativas, por exemplo: `public` | `private` para indicar que pode ser empregada uma das duas formas.

vi. todos os demais símbolos, em negrito, na definição, devem aparecer no texto do programa exatamente como estão na definição, observando-se a diferenciação entre letras maiúsculas e minúsculas;

vii. nomes e palavras-chaves contíguas devem ser separados no texto do programa por pelo menos um espaço em branco. Outros espaços em branco e quebras de linha que aparecem numa definição servem apenas para melhorar sua estética, podendo ser inseridos no texto do programa a critério do programador.

Recomenda-se adotar nomes de métodos em formas verbais, com uma ou mais palavras concatenadas, sendo a primeira palavra toda em minúsculas e as demais iniciadas por letras maiúsculas. Por exemplo: atenderChamada(), efetuarSaque(), recarregar().

tipo-de-resultado
void | <tipo-de-dado>

A palavra-chave void indica que o método não retorna nenhum resultado. Note que, tal como na definição de atributo, pode-se definir métodos que retornem um objeto como resultado. Por exemplo: na classe Agencia poderíamos ter um método buscaConta() que, dado um número de conta, forneça como resultado o objeto que representa aquela conta no sistema.

tipo-de-dado
<tipo-primitivo> | <tipo-abstrato>

tipo-primitivo
boolean | int | long | byte | short | double | float | char

lista-de-parametros
<tipo-de-dado> <nome-de-parametro> | <tipo-de-dado> <nome-de-parametro> , [<lista-de-parametros>]

Nomes de parâmetros devem ser curtos, inteiramente em minúsculas, podendo ser usadas siglas ou abreviaturas, por exemplo: val, cod, pwd.

Usando a sintaxe acima apresentada, vamos iniciar a definição dessa interface com a seguinte assinatura de método:

```
boolean abreConta
        (String nome, float val, int num, int pwd);
```

Essa sentença Java declara um método de nome abreConta. O tipo boolean, antes do nome do método, especifica que o seu resultado é uma condição lógica, que poderá ser verdadeira (true) ou falsa (false). Após o nome do método, é definida uma lista com quatro parâmetros: uma cadeia de caracteres (String nome), um valor real (float val) e dois números inteiros (int num e int pwd).

Em nossa aplicação, atribuímos o seguinte significado (semântica) a essa assinatura: o método abreConta implementa a operação de abertura de conta; um resultado true indica o sucesso da operação e false indica que não pode ser realizada, como no caso da conta já estar aberta; devem ser fornecidos como parâmetros o nome do titular (tipo String), o valor do depósito inicial (tipo float), o número da conta (tipo int) e a senha (tipo int), nessa ordem.

De maneira análoga, iremos completar a implementação dessa interface com:

```
boolean creditaValor(String hist, float val);
boolean debitaValor(String hist, float val, int pwd);
float getSaldo(int pwd);
```

Os métodos creditaValor e debitaValor irão retornar, tal como o método abreConta, um resultado true para indicar que a operação foi bem-sucedida ou false em caso contrário. O resultado do método getSaldo será o valor do saldo da conta, caso a operação seja bem-sucedida, ou o valor -1, em caso contrário.

De acordo com o critério de ocultamento de informação, essa especificação de interface deve conter toda a informação necessária para utilização do tipo abstrato de dados, e será o único elo de ligação entre sua implementação e as aplicações que o utilizam.

36 • Programação Orientada a Objetos Usando Java™

2.8 Definição de Classes em Java

Como já mencionamos anteriormente, o mecanismo de Java, para implementar um tipo abstrato de dados é a definição de classe. Nessa seção é apresentada a sintaxe correspondente.

Uma classe Java modela o comportamento de um conjunto de objetos da aplicação. Os objetos possuem estado, descrito através de um ou mais atributos, e comportamento, definido por um conjunto de operações. Essas operações são implementadas através de um ou mais métodos.

Uma definição de classe em Java possui a seguinte estrutura geral:

```
definição-de-classe
class <nome-de-classe> {
        <definição-de-atributos>
        <definição-de-métodos>
}
```

2.8.1 Nome de Classe

Neste livro, vamos nomear as classes com substantivos simples ou adjetivados, no singular. Cada palavra do nome deve iniciar com letra maiúscula e o restante em minúsculas, com todas as palavras concatenadas. Exemplos: Agencia, ContaCorrente, ClienteEspecial.

2.8.2 Definição de Atributos

A definição de um atributo é semelhante a uma declaração de variável em Pascal ou C, sendo obrigatórios apenas o seu tipo e nome.

No exemplo abaixo, é definido o atributo numConta, do tipo inteiro, para armazenar o número de uma conta corrente.

```
int numConta;
```

Opcionalmente pode ser especificado um valor inicial para o atributo em cada objeto da classe. No exemplo seguinte, é definido um atributo de nome saldo, do tipo ponto flutuante, que inicia com 0.

2   Objetos e Classes   •   37

```
float saldo = 0;
```

Como toda declaração Java, deve ser encerrada com ponto e vírgula (;).

Sua forma geral é:

```
                        definição-de-atributo
[ <visibilidade> ] <tipo-de-dado> <nome-de-atributo>
                  [ = <valor-inicial> ] ;
```

```
                        visibilidade
public | private | protected
```

A palavra-chave protected define um tipo de visibilidade especial existente em Java e será explicada em detalhes no Capítulo 5.

Recomenda-se utilizar nomes de atributos formados por substantivos no singular, com uma ou mais palavras concatenadas, sendo a primeira palavra toda em minúsculas e as demais apenas iniciadas por maiúscula. Exemplos: saldo, ultimo-Andar, limiteCredito.

2.8.2.1   Visibilidade dos Atributos

> **Recomendação N° 1**
> A visibilidade de um atributo deve ser sempre privada, isto é, restrita
> à classe que o define.

A utilização de atributos com visibilidade mais ampla é altamente contraindicada. Um atributo visível por outras classes escapa ao controle dos métodos definidos em sua classe, perdendo a proteção contra alterações indevidas e tornando-se um novo elo de ligação entre os objetos da classe e a aplicação. Isso obscurece a interface do objeto e viola os princípios de ocultamento da informação e encapsulamento, fundamentais em orientação a objetos.

Por esse motivo, utilizaremos sempre atributos com visibilidade private, que é a mais restrita de todas: somente os objetos da classe podem referenciá-lo.

Quando for necessário oferecer a objetos de outras classes acesso a um determinado atributo devemos acrescentar à interface pública da classe métodos próprios

38 • Programação Orientada a Objetos Usando Java™

para isso, conforme o tipo de acesso a oferecer, como no exemplo seguinte:

```
class MinhaClasse {
    ...
        private int atrib;       // atributo a ser oferecido acesso
        // método para obter o valor do atributo:
        public int getAtrib() { return atrib; } // método de inspeção
        // método para alterar o valor do atributo:
    ...
}
```

2.8.3 Definição de Métodos

A definição de um método é feita através de um bloco com estrutura semelhante à de uma função em Pascal ou C. No exemplo seguinte definimos um método "deposita", ativado por uma mensagem contendo um valor em ponto flutuante, e que não retorna nenhum resultado (tipo void).

```
public void creditaValor (float val) {
        saldo=saldo+val;
}
```

A única ação executada por esse método é a adição do valor recebido no parâmetro val ao atributo saldo.

O formato geral de uma definição de método é:

definição-de-método	
`<visibilidade> <definição-de-operação> {`	
`  <corpo-do-método>`	
`}`	

Como já vimos anteriormente, a definição de uma operação especifica a assinatura do método, o formato das mensagens que o ativam, e o tipo de resultado produzido por ele.

2.8.3.1 Visibilidade dos Métodos

Recomendação N° 2
Apenas os métodos especificados na interface pública da classe devem ter visibilidade pública, isto é, serem visíveis externamente.

Os métodos especificados na interface pública são definidos com visibilidade public. Os demais métodos, que possam ser exigidos pelos algoritmos empregados ou para facilitar sua estruturação, devem ser definidos como private, pelas mesmas razões expostas na Recomendação N° 1.

2.9 Implementação dos Algoritmos e Estruturas de Dados

Com as definições acima, podemos elaborar a seguinte estrutura geral para a classe ContaCor:

```
class ContaCor {

  // DEFINIÇÕES DE ATRIBUTOS

  private int estado;       // 1=Ativa, 2=Encerrada
  private String titular;  // nome do titular
  private int numConta;    // número da conta
  private int senha;       // senha
  private float saldoAnterior; // saldo anterior
  private String historico[];  // históricos e
  private float valorLanc[];   // valores dos últimos
          // lançamentos > 0 p/ créditos; < 0 p/ débitos
  private int ultLanc;         // topo dos vetores acima
  private float saldoAtual;    // saldo atual da conta

  // DEFINIÇÕES DE OPERAÇÕES

  public boolean abreConta
     (String nome, float val, int num, int pwd) {
  // aqui entra a definição do método abreConta
        }
  public boolean creditaValor(String hist, float val) {
  // aqui entra a definição do método creditaValor
  }
  public boolean debitaValor
     (String hist, float val, int pwd) {
  // aqui entra a definição do método debitaValor
  }
  public float getSaldo  (int pwd) {
  // aqui entra a definição do método getSaldo
  }
}
```

Essa definição deve ser incluída num arquivo de nome ContaCor.java em formato texto puro, sem qualquer formatação.

40 • Programação Orientada a Objetos Usando Java™

Note que, nas definições dos atributos de ContaCor, não estamos definindo as dimensões dos vetores, como faríamos em Pascal ou C. Isso porque, em Java, arrays também são objetos e suas dimensões só precisam ser definidas no momento em que forem criados, o que será feito no método abreConta. A declaração float valorLanc[], por exemplo, define apenas uma referência para um objeto da classe vetor, de nome valorLanc.

Podemos então codificar os métodos que irão realizar as operações previstas na classe.

O método abreConta:

```
// Uma conta só pode ser aberta uma única vez
if (estado==1 || estado==2) return(false); // operação falhou
titular=nome;   // nome do titular ...
numConta=num;   // ... numero da conta ...
senha=pwd;      // e senha inicializados
saldoAtual=saldoAnterior=val;  // Os saldos anterior e
                // atual da conta iguais ao saldo inicial.
ultLanc=0;      // A conta sem nenhum lançamento.
estado=1;               // A conta se torna ativa, podendo receber
            //lançamentos.
historico=new String[11];  // cria vetores ...
valorLanc=new float[11];   // ... com 11 elementos
return(true); // operação terminada com sucesso
```

Observe como são criados os vetores historico e valorLanc, ao final do método. O comando new cria um novo objeto e fornece sua referência com resultado. Em se tratando de vetores, ao criá-los, devemos informar suas dimensões. Como em Java, os índices dos vetores iniciam sempre em 0, optamos por defini-los com 11 elementos para que possamos utilizar índices no intervalo de 1 a 10, que nos parece mais natural.

O método creditaValor:

```
// A conta deve estar ativa
if (estado!=1) return(false);
// O valor do lançamento deve ser maior que zero.
if (val<=0) return(false); // operação falhou
if (ultLanc==10) { // Se há 10 lançamentos na lista
   saldoAnterior+=valorLanc[1]; // atualiza saldo anterior
   for(int i=1;i<10;i++) {    // remove o primeiro da lista
      historico[i]=historico[i+1];
      valorLanc[i]=valorLanc[i+1];
   }
} else ultLanc++;
historico[ultLanc]=hist;    // guarda histórico ...
valorLanc[ultLanc]=val;     // ... e valor do lançamento
saldoAtual+=val;  // credita valor ao saldo atual
return(true);   // operação terminada com sucesso
```

O Método debitaValor:

```
// A conta deve estar ativa
if (estado!=1) return(false);
// A senha de entrada deve ser igual à senha da conta
if (pwd!=senha) return(false);
// O valor do lançamento deve ser maior que zero
if (val<=0) return(false);
// O valor do lançamento não pode ser superior ao saldo
if (val>saldoAtual) return(false);
if (ultLanc==10) {// Se há 10 lançamentos na lista
   saldoAnterior+=valorLanc[1]; // atualiza saldo anterior
   for(int i=1;i<10;i++) {       // remove o primeiro da lista
      historico[i]=historico[i+1];
      valorLanc[i]=valorLanc[i+1];
      }
} else ultLanc++;
historico[ultLanc]=hist;    // guarda histórico ...
valorLanc[ultLanc]=-val;    // ... e valor do lançamento
                            //(com sinal negativo)
saldoAtual-=val;    // debita valor do saldo atual
if (saldoAtual==0) // se zerou o saldo ...
   estado=2;       // ... torna a conta inativa
return(true);
```

42 • Programação Orientada a Objetos Usando Java™

O Método getSaldo:

```
// A conta deve estar ativa
if (estado!=1) return(-1);
// A senha de entrada deve ser igual à senha da conta
if (pwd!=senha) return(-1);
return(saldoAtual);    // retorna o saldo atual
```

2.10 Compilando e executando a definição da classe

Para compilar a definição da classe, gravada no arquivo ContaCor.java, utilize o comando:

```
javac ContaCor.java
```

Não deverá haver erro na compilação. Caso haja alguma mensagem de erro confira o conteúdo do arquivo com o código apresentado ao longo do texto e compile--o novamente após efetuar as correções necessárias.

Para testar a definição da classe pode ser utilizado o seguinte programa, que deve ser incluído num arquivo de nome Cap2.java:

```
class Cap2 {
    static public void main (String Arg[]) {
        ContaCor c1;
        c1=new ContaCor();
        c1.abreConta("Ursula",500,1,1);
        c1.creditaValor("deposito",100);
        c1.debitaValor("retirada",50,1);
        System.out.println("Saldo final=" + c1.getSaldo(1));
    }
}
```

Esse programa cria um objeto da classe ContaCor que é utilizado para abrir uma nova conta corrente, com saldo inicial de R$500,00. Em seguida, são realizados um depósito de R$100,00 e uma retirada de R$50,00. System.out é um objeto nativo de Java que representa o dispositivo de saída padrão do programa, normalmente o terminal de vídeo. O método println imprime uma linha nesse dispositivo contendo o texto fornecido como argumento. Valores de variáveis podem ser incluídos no texto através do operador +. Por exemplo:

2 Objetos e Classes • **43**

```
System.out.println("Saldo final=" + c1.getSaldo(1));
```

Para compilar e executar o programa de teste utilize:

```
javac Cap2.java
java Cap2
```

O seguinte resultado deve ser impresso na tela:

```
Saldo final=550
```

2.11 Criação de Objetos

Os objetos de uma aplicação precisam ser criados durante a execução do programa. Considere, por exemplo, os objetos da classe ContaCor, que representam as contas correntes de um banco. Seria, evidentemente, impraticável definir cada um desses objetos em tempo de compilação.

2.11.1 O comando new

O comando new cria um novo objeto, em tempo de execução, como uma instância de uma classe especificada, retornando como resultado uma referência para o objeto criado.

A sintaxe geral desse comando é:

```
comando-new
new <nome-de-classe> ( [ <lista-de-argumentos> ] )
```

Por exemplo, para criarmos um novo objeto da classe ContaCor, definida na seção 2.9, podemos fazer:

```
new ContaCor();
```

Esse comando reserva uma área de memória para o novo objeto criado, onde ficam armazenados os valores de seus atributos, tal como definidos na classe ContaCor. O código dos métodos definidos na classe é compartilhado por todos os seus objetos, já os atributos são próprios de cada objeto, e por isso é necessário reservar aquela área de memória. A Figura 2.3 ilustra, de maneira simplificada, o uso da memória após a criação de dois objetos da classe ContaCor.

Como dissemos acima, o comando new produz como resultado a referência do objeto criado. Essa referência identifica a classe a que pertence o objeto e o espaço de memória ocupado pelo mesmo e é necessária para qualquer comunicação com o objeto. Por esse motivo, normalmente precisamos armazenar essa referência para utilizá-la posteriormente.

Normalmente uma referência é armazenada numa variável cujo tipo é a classe do objeto referenciado, como no exemplo seguinte, extraído do programa Cap2.java apresentado no início deste capítulo:

```
ContaCor c1;
c1=new ContaCor();
```

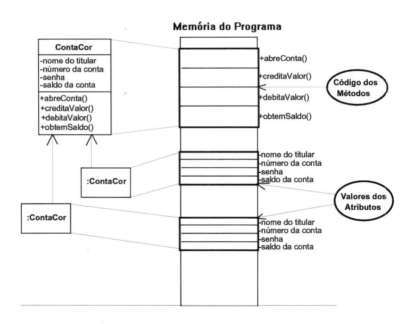

Figura 2.3: Estado da Memória Após a Criação de Dois Objetos.

É importante destacar que a primeira linha do exemplo acima não cria nenhum objeto, mas apenas define uma variável, de nome c1, capaz de armazenar uma referência para um objeto da classe ContaCor. Na segunda linha do mesmo exemplo, o comando new cria um novo objeto da classe ContaCor e, somente então, a referência desse objeto é armazenada em c1. A Figura 2.4 ilustra o resultado dessas duas operações. A figura apresenta a variável c1, do tipo ContaCor, referenciando um objeto também do tipo ContaCor.

Figura 2.4: Variável Referenciando um Objeto.

Podemos também efetuar essas duas operações num mesmo comando, especificando um valor inicial para c1:

```
ContaCor c1=new ContaCor();
```

2.11.2 Métodos Construtores

Um construtor é um método especial, ativado automaticamente no momento da criação de um objeto da classe. Métodos construtores possuem sempre nomes idênticos aos de suas classes, não podem retornar nenhum resultado e, em sua definição, não deve ser especificado um tipo de retorno (nem mesmo void). Podem, no entanto, receber valores através de um ou mais parâmetros, tal como um método normal.

Os métodos construtores fornecem um mecanismo natural para atribuirmos valores iniciais para os atributos dos objetos da classe, assim como outras ações necessárias para habilitar os objetos a realizarem suas operações.

Na ausência de algum método construtor na definição da classe, a linguagem Java fornece um construtor padrão para cada classe, que apenas atribui valores iniciais às suas variáveis, conforme suas respectivas definições de tipo.

No caso da classe ContaCor definida no capítulo anterior, por exemplo, o construtor padrão irá preencher as variáveis numéricas com zero e as referências de objetos com null.

46 • Programação Orientada a Objetos Usando Java™

Se considerarmos que um objeto da classe ContaCor representa uma conta corrente, que só existe a partir do momento da abertura da conta, poderíamos transformar o método abreConta no construtor da classe.

Para isso devemos efetuar as seguintes alterações na definição da classe, no arquivo ContaCor.java:

(i) substituir o cabeçalho do método abreConta :

```
boolean abreConta
            (String nome, float val, int num, int pwd) {
```

por:

```
ContaCor// construtor da classe
         (String nome, float val, int num, int pwd) {
```

(ii) eliminar o teste da condição de "conta já aberta", já que o método construtor nunca pode ser chamado mais de uma vez para um mesmo objeto:

```
// eliminar --> if (estado==1 || estado==2) return(false);
```

(iii) eliminar o comando return ao final do método, pois os métodos construtores não podem retornar valores.

```
// eliminar --> return(true);
```

Com essa alteração na definição da classe, o método abreConta() deixa de existir e altera-se o modo como são criados os objetos da classe ContaCor. Para adaptarmos a essa nova situação o programa Cap2.java, apresentado no início deste capítulo, devemos substituir:

```
        ContaCor c1;
        c1=new ContaCor();
        c1.abreConta("Ursula",500,1,1);
```

por:

```
        ContaCor c1;
        c1=new ContaCor("Ursula",500,1,1);
```

ou simplesmente por:

```
ContaCor c1=new ContaCor("Ursula",500,1,1);
```

2.12 Troca de Mensagens

A troca de mensagens é, como já mencionamos anteriormente, a principal forma de interação entre os objetos.

No mesmo programa Cap2.java acima citado são enviadas diversas mensagens para o objeto c1, como em:

```
c1.abreConta("Ursula",500,1,1);
```

A mensagem abreConta é enviada ao objeto cuja referência está armazenada em c1, que é um objeto da classe ContaCor. Com a mensagem são enviados o nome "Úrsula" e os valores 500, 1 e 1 que correspondem, respectivamente, ao nome do titular, o valor inicial, o número da conta e a senha.

O comando seguinte imprime o saldo de uma conta, obtido como resultado da mensagem getSaldo enviada para o objeto c2, contendo a senha 1.

```
System.out.println("Saldo de c2="+c2.getSaldo(1));
```

O formato geral para envio de uma mensagem em Java é:

```
envia-mensagem
<variável-de-resultado> = <destinatário>.<nome-do-método>
       ( <lista-de-argumentos>  );
```

```
lista-de-argumentos
<expressão>, <lista-de-argumentos>
```

Onde:

> <variável-de-resultado> é o nome de uma variável, de mesmo tipo do método chamado, que recebe o resultado da operação, se houver;

> <destinatário> é, normalmente, o nome de uma variável que contém uma referência para o objeto que irá receber a mensagem.

48 • Programação Orientada a Objetos Usando Java™

Assim como numa chamada de função em Pascal ou C, os argumentos devem ser passados em mesmo número e na mesma ordem dos parâmetros correspondentes, tal como na definição do método. Pode ser passado como argumento qualquer expressão que retorne um valor, inclusive outras mensagens, desde que de mesmo tipo que o parâmetro correspondente.

2.12.1 A Referência null

Quando a definição de um atributo cujo tipo é uma classe, tal como a variável c1 definida no método main() da classe Cap2, não especifica um valor inicial para o mesmo, esse atributo recebe o valor null, que é uma referência de objeto nula (indica que o atributo não está associado a nenhum objeto). Uma referência nula não é, evidentemente, uma referência de objeto válida, que possa ser utilizada para o envio de uma mensagem a outro objeto.

Recomendação N° 3

Para qualquer referência que se faz a outro objeto devemos poder demonstrar, apenas pela análise do método onde ela é feita, que a referência utilizada nunca será nula.

Embora o compilador Java seja capaz de apontar algumas situações onde uma referência nula é utilizada indevidamente, há casos em que essa verificação não pode ser feita em tempo de compilação. Por exemplo, quando uma referência de objeto é recebida como parâmetro de um método. Em casos assim, o uso dessas referências pode resultar num erro de execução (NullPointerException, um erro definido por Java que indica a ocorrência de uma tentativa de usar uma referência nula).

Para eliminar essa possibilidade podemos testar o conteúdo desse tipo de variável, quando necessário, conforme abaixo:

```
ContaCor c1;
...
if (c1==null) {
    // conteúdo de c1 não é uma referência válida
}
else {
    // c1 contém uma referência de objeto válida
}
```

Uma simples atribuição de valor ou passagem de valor como parâmetro de uma mensagem não é capaz, por si só, de provocar aquele tipo de erro, já que não requer o uso do objeto referenciado.

Por exemplo:

```
ContaCor c1, c2;
OutraClasse x;
...
c2=c1;  // código seguro, c1 (e c2) podem ser "null"
...
x=new OutraClasse();  // x recebe uma referência válida
x.metodoY(c2);  // código seguro, c2 pode ser "null"
                // e x contém uma referência válida, já que não é "null".
                // se x fosse "null", um erro ocorreria.
```

2.13 Destruição de Objetos

2.13.1 Objetos Não Referenciados

Vamos analisar o que ocorre numa sequência como a seguinte:

```
ContaCor c1=new ContaCor("Ursula",500,1,1);
        c1=new ContaCor("Alfredo",800,3,1);
```

Na primeira linha é criado um objeto para representar a conta de Úrsula, cuja referência é armazenada em c1. Na linha seguinte, é criado um segundo objeto para representar a conta de Alfredo e sua referência é atribuída à mesma variável c1. Com isso, a referência armazenada anteriormente em c1 é perdida, não havendo como recuperar a referência ao objeto que representa a conta de Úrsula. Esse objeto fica, então, inacessível ao programa, não sendo mais possível utilizá-lo em qualquer operação futura.

2.13.2 Coleta de Lixo

Quando um objeto deixa de ser referenciado, ele continua a existir e a ocupar espaço na memória. Num programa Java ele poderá, eventualmente, vir a ser removido definitivamente do espaço de memória do programa, através de um mecanismo chamado de coleta de lixo (*garbage collection*). Esse mecanismo é acionado automaticamente quando, durante a execução do programa, não há memória disponível para criação de algum novo objeto. O sistema de execução

50 • Programação Orientada a Objetos Usando Java™

verifica quais objetos não estão mais sendo referenciados e os destrói, recuperando o espaço ocupado pelos mesmos[1].

2.14 Objetos Persistentes

Normalmente, ao término de um programa, todos os objetos criados durante sua execução são destruídos, o que nem sempre é desejável. Em muitas aplicações, precisamos manter o estado de alguns objetos além da duração da execução de um programa. É o caso, por exemplo, de objetos como os da classe ContaCor que, numa aplicação real, devem ter seu estado preservado durante toda a existência da conta. Essa propriedade de um objeto preservar seu estado é chamada de persistência e é obtida através de mecanismos que permitam transferir o estado do objeto entre a memória principal e um meio de armazenamento permanente, como num banco de dados, preservando também a identidade do objeto.

Um objeto, portanto, é algo que precisa ser criado, em algum momento antes de ser utilizado, e pode, eventualmente, ser destruído após o seu uso. A criação do objeto e sua destruição delimitam o seu ciclo de vida, o intervalo de tempo no qual esse objeto pode atuar dentro do sistema.

2.15 Exercícios de Fixação

1. A classe chamada Hello que implementa apenas um método, main(). O método main() define um programa principal, ou seja, um programa que pode ser chamado a partir do sistema operacional (similarmente à função main() da linguagem C). A assinatura do método deve ser idêntica à que é apresentada no código abaixo. Compile-a e execute-a.

```
// arquivo Hello.java
class Hello {
    static public void main (String args[ ]) {
        System.out.println("Hello World");
    }
} // fim da classe Hello
```

2. Escreva a classe Documento no arquivo Documento.java, estude o código e, em seguida, compile-o.

---

[1] Em C++, é responsabilidade do programador remover os objetos que não sejam mais necessários, através do método destroy.

```
public class Documento {
    private String autor;
    private int dataDeChegada;
    public void criarDocumento(String nome, int num) {
        autor = nome;
        dataDeChegada = num;
    }
    public void imprimir( ) {
        System.out.println( "Imprime o conteúdo de um Documento");
    }
    public void editar ( ){
        System.out.println("Edita o contéudo de um Documento");
    }
} // fim da classe Documento
```

3. Escreva a classe ExemploDocumento no arquivo ExemploDocumento.java. Esse arquivo definirá um programa principal que cria um objeto do tipo Documento e envia mensagens para ele. Compile a classe ExemploDocumento e execute-a.

```
class ExemploDocumento{
    static public void main(String args[ ]){
        Documento d1; // declaração de uma referência para um
                      // objeto do tipo Documento
        d1 = new Documento( ); //alocação dinâmica de memória para a
                               //criação do objeto
        d1.criarDocumento("Camila",181101);
        d1.imprimir( ); // envio de mensagem para o objeto
    }
}
```

4. Modifique a classe ExemploDocumento para que, após enviar a mensagem imprimir( ), envie também a mensagem editar( ). Compile e execute o programa novamente.

5. Altere a operação imprimir( ) da classe Documento para que, ao invés de imprimir uma mensagem padrão, imprima os valores dos atributos autor e dataChegada do objeto. Altere a classe ExemploDocumento para criar um segundo objeto do tipo Documento (d2) e imprimir as informações dos objetos d1 e d2. Compile e execute a versão modificada de ExemploDocumento.

6. Implemente as classes ContaCor e Exemplo, compile-as e execute a classe Exemplo.

52 • Programação Orientada a Objetos Usando Java™

```java
class ContaCor {
    private int estado; // 1 = conta ativa ; 2 = conta inativa
    private int senha;
    private int numConta;
    private String titular;
    private double saldoAtual;

    public static final int ATIVA = 1;
    public static final int INATIVA = 2;

    public boolean creditaValor (double val) {
        if (estado!=ATIVA) return(false); // conta deve estar ativa
        if (val<=0) return (false); // val>0;
        saldoAtual+= val; // credita valor;
        return(true); // operação terminada com sucesso
    } // fim de creditaValor( )

  public boolean debitaValor (double val, int pwd) {
        if (estado!=ATIVA) return(false); // conta deve estar ativa
        if (val<=0) return (false); // val>0;
        if (pwd!=senha) return (false); // senha deve ser válida
        if (val>saldoAtual) return (false); // val<= saldoAtual
        saldoAtual -= val; //debita valor
        if(saldoAtual ==0) estado=INATIVA; // se saldo=0, torna conta
inativa
        return(true);
    } // fim de debitaValor( )

    public double getSaldo (int pwd) {
        if (estado!=ATIVA) return(-1); // conta deve estar ativa
        if (pwd!=senha) return(-1); //senha deve ser válida
        return(saldoAtual);
    } // fim de getSaldo( )

    public ContaCor(String nome, double val, int num, int pwd) {
        titular = nome;
        numConta = num;
        senha = pwd;
        saldoAtual = val;

        estado=1; //conta é ativada quando criada
    } // fim do construtor
} // fim da classe ContaCor

class Exemplo{
    static public void main(String args[ ]){
        ContaCor c1 = new ContaCor("Ursula", 500, 1, 1);
        c1.creditaValor(100);
        c1.debitaValor(50 ,1);
        System.out.println("Saldo final = " + c1.getSaldo(1));
    }

}
```

Modifique a visibilidade do atributo saldoAtual da classe ContaCor para public. Em seguida, altere a operação main( ) da classe Exemplo para que, além de creditar R$100,00 através da operação creditaValor( ), credite mais R$100,00 adicionando diretamente ao valor do atributo saldoAtual. Qual é a sua conclusão?

7. Na classe ContaCor, crie uma operação transferir( ) para realizar transferências entre contas. Essa operação deve receber como argumentos um outro objeto do tipo ContaCor que corresponde ao beneficiado, um double representando o valor a ser transferido, e a senha da conta que terá o saldo reduzido. A operação deve devolver void como resultado. A implementação da operação transferir( ) deve usar os métodos já definidos na classe ContaCor.

8. Altere o código da operação main( ) da classe Exemplo para que crie um outro objeto do tipo ContaCor, referenciado por uma variável chamada c2. Insira na operação

9. main( ), código para realizar uma transferência de R$100,00 de c1 para c2, usando a operação transferir( ) de c1. Inclua também código para imprimir o saldo de c2 ao final da operação. Compile e execute a classe Exemplo.

10. Implemente em Java uma classe chamada MeuVetor com operações para inicializar cada elemento do vetor e para intercalar 2 vetores. Crie um programa principal que instancie 2 vetores com 4 elementos e depois os intercala. Você pode definir outras operações se necessário.

11. Implemente um programa que, dada uma sequência de caracteres, use a classe Contador para contar o número de A's, E's, I's, O's, e U's existente nessa sequência. Abra o arquivo ContadorVogais.java e complemente a implementação do método main( ). Esse método deve contar o número de cada tipo de vogal presente na frase do vetor de caracteres fraseExaminada. Use a declaração abaixo:

```
Contador[] contVogais = new Contador[5]; // um para cada vogal
for (int i = 0; i < fraseExaminada.length; i++) {
// analisar cada índice do vetor de caracteres fraseExaminada[i] e,
// se for o caso, incrementar o contador da respectiva vogal. }
```

12. Escreva e compile as classes Circulo e TestaCirculo. Teste a criação de objetos da classe Circulo executando a classe TestaCirculo.

54 • Programação Orientada a Objetos Usando Java™

```java
// arquivo Circulo.java
public class Circulo {
        private int x, y;
        private int raio;

        public static final double PI = 3.14159;

        public Circulo (int x1, int y1, int raio) {
                x = x1;
                y = y1;
                this.raio = raio;
        }
        public int getX () {
                return x;
        }
        public int getY () {
                return y;
        }
        public int getRaio () {
                return raio;
        }
        public double circunferencia() {
                return 2 * PI * raio;
        }

} // Fim da classe Circulo


// arquivo TestaCirculo.java
class TestaCirculo {
    public static void main (String args[ ]) {

        Circulo c1, c2, c3;
        c1 = new Circulo(3, 3, 1);
        c2 = new Circulo(2, 1, 4);
        c3 = c1; // mesmo objeto!

        System.out.println("c1: (" + c1.getX() + ", " + c1.getY() + ")");
        System.out.println("c2: (" + c2.getX() + ", " + c2.getY() + ")");
        System.out.println("c3: (" + c3.getX() + ", " + c3.getY() + ")");

        int circ = (int) c1.circunferencia();
        System.out.print("Raio de c1: " + c1.getRaio());

        System.out.println("; Circunferência de c1: "+ circ);
    }

} // Fim da classe TestaCirculo
```

Modifique a classe TestaCirculos para:

a) criar um vetor de 5 objetos Circulo;
b) imprimir os valores x, y, raio de cada objeto;
c) declare outra referência do tipo Circulo[ ];
d) copie a referência do primeiro vetor para o segundo;
e) imprima ambos os vetores;
f) crie um terceiro vetor;
g) copie os objetos do primeiro vetor para o terceiro;
h) altere os valores de raio para os objetos do primeiro vetor;
i) imprima os três vetores.

13. Modifique a visibilidade dos atributos x e y da classe Circulo. Em seguida, altere a operação main( ) da classe TestaCirculo para imprimir os atributos do Circulo diretamente. Essa é uma boa prática? Acrescente comentários no código, justificando sua resposta.

3 Agregação e Associação

Neste capítulo é explicado como implementar em Java dois relacionamentos fundamentais entre objetos: a agregação e a associação. O primeiro representa relacionamentos "parte-todo" e o segundo representa uma visibilidade permanente entre dois objetos.

Ao final deste capítulo, o leitor deverá ser capaz de identificar os relacionamentos de agregação e associação, bem como implementá-los na linguagem Java

3.1 Agregação

As hierarquias de agregação, também conhecidas como hierarquias de "parte-todo", possibilitam representar uma abstração a partir das partes que a compõem. Além disso, o fato de cada parte poder possuir o seus próprios componentes, possibilita uma refatoração recursiva.

Além da representação "parte-todo", o relacionamento de agregação adiciona valor semântico ao modelo. No exemplo da Figura 3.1 o fato de as partes estarem agregadas à Biblioteca também representam que é possível existir instâncias isoladas de Usuário e Publicação. Para indicar a impossibilidade de existência das partes sem que necessariamente haja o todo, o analista pode utilizar uma variação da agregação, denominada composição.

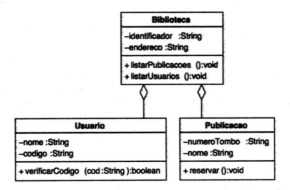

Figura 3.1: Exemplo de Agregação.

58 • Programação Orientada a Objetos Usando Java™

Na UML, a agregação é representada por uma linha com um losango na extremidade da classe que representa o Todo. Assim, como na associação podemos representar nas extremidades da relação a quantidade potencial dos objetos participantes ou objetos partes da agregação.

Agregação e generalização são noções completamente diferentes e complementares. Eles são conceitos ortogonais e quando empregados em conjunto formam uma ferramenta efetiva para a modelagem de sistemas. A principal diferença entre eles é que enquanto nas hierarquias de generalização/especialização a noção de herança de tipos está implicitamente representada, as hierarquias "parte-todo" isso nem sempre é verdade. Por exemplo, na hierarquia da Figura 3.1, uma propriedade de Biblioteca, por exemplo endereço, não é automaticamente herdada pelas suas partes.

A hierarquia apresentada na Figura 3.1 poderia ser implementada em Java da seguinte forma:

```java
public class Biblioteca {
        //Atributos
        List<Usuario> usuários;
        List<Publicacao> publicações;

        //Operacoes
        public Biblioteca() {
                //implementação do método construtor
                usuários = new ArrayList<Usuario>();
                publicações = new ArrayList<Publicacao)();
        }

        public void adicionaUsuario (Usuario novoUsuario){
                //implementação do método adicionaUsuario.
                usuaros.add(novoUsuario);
        }

        public void adicionaPublicacao (Publicacao novaPublicacao){
                //implementação do método adicionaPublicacao.
                publicacoes.add(novoPublicacao);
        }
}
```

3.2 Associação

Assim como o relacionamento de agregação, uma **associação** é um relacionamento estrutural entre classes. Porém, ao contrário do primeiro, ela é uma relação conceitual na qual a ideia de "parte-todo" não está presente. Uma associação representa uma visibilidade permanente entre dois tipos de objetos. Isto é, o relacionamento existe durante toda a vida dos objetos, embora as instâncias que estejam conectadas possam mudar ao longo do tempo. Sendo assim, uma referência a um parâmetro ou à criação de objetos internos aos métodos não devem ser modelados como associações, e sim como uma dependência. Em UML, agregação e composição são tipos especiais de associação com uma semântica adicional de "parte/todo".

O relacionamento de associação entre duas classes é mostrado na Figura 3.2 Em UML, uma associação é representada por uma linha que liga as duas classes associadas. Essa linha pode ter uma seta no final, indicando que fluxo de controle da associação flui apenas na direção para onde a seta aponta.

Na Figura 3.2 são apresentados exemplos de associações que envolvem multiplicidades. A multiplicidade de uma associação indica quantas instâncias de cada uma das classes envolvidas poderá estar associada com a outra. No primeiro, o número '1' e o símbolo '*' nas pontas da associação entre as classes Publicacao e Exemplar indica nesse modelo, cada instância de Publicacao pode estar associada a várias instâncias de Exemplar, enquanto que um Exemplar está associado a exatamente uma Publicacao. No segundo exemplo, cada instância de Usuario poderá estar associada a zero ou uma instância de Emprestimo, enquanto que um Exemplar, enquanto o Emprestimo não possui referências sobre os Usuarios(associação unidirecional). A quantidade "zero ou um" é indicada pelo símbolo '0..1'. Outros exemplos de convenções de UML para a especificação de multiplicidades de associações são apresentados do lado direito da figura. Na ausência de uma especificação de multiplicidade, assume-se por padrão que se trata de uma multiplicidade "1".

Para aumentar a expressividade de um diagrama de classes, associações entre duas classes podem ser nomeadas, indicando a maneira como instâncias dessas classes se relacionam. Por exemplo, analisando a Figura 3.2 é possível que o Usuario e Emprestimo se associam devido a uma relação de realização.

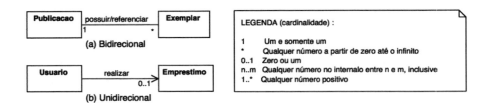

Figura 3.2: Associações em UML.

Na fase de codificação do sistema, cada associação, sejam simples, agregação ou composição, é materializada no código-fonte das classes de maneira uniforme: através de um atributo do tipo da classe agregada. Dessa forma, apesar de não herdar o comportamento das classes associadas, as suas operações públicas podem ser acessadas normalmente. No caso de relacionamentos unidirecionais, o atributo é adicionado à classe de onde a seta se origina, uma vez que apenas esta classe conhece a outra.

O relacionamento de associação, apresentada na Figura 3.2, poderia ser implementada em Java da seguinte forma:

```
public class Emprestimo {
        //Atributos
        Usuario usuário;

        //Operacoes
        public Emprestimo(Usuario usuario) {
                this.usuario = usuario;
        }
}
```

3.3 Exercícios de Fixação

1. Suponha que você esteja modelando um jogo de cartas. Responda:

a. Represente uma classe que represente um baralho de cartas (classe BaralhoDeCartas). Quais os atributos e operações você deveria oferecer na interface pública dessa classe?

a. Faria sentido você modelar essa abstração usando duas classes separadas: uma para modelar o baralho (classe BaralhoDeCartas) e outra para representar cada uma das cartas individualmente (classe Carta)? Por quê? Caso sim, construa o diagrama de classes.

b. Crie e implemente um modelo que represente uma garagem de carros. Considere quecada carro pode ser estacionado e retirado da garagem. Quantas abstrações você acha que são necessárias para que um modelo represente o mais fielmente possível a realidade? Identifique alguns atributos que cada uma das classes identificadas pode ter.

4 Estudo de Caso: Caixa Automático

Neste capítulo é desenvolvido passo a passo um exemplo completo de aplicação em Java, utilizando os conceitos de objeto, classe, instância, mensagem, encapsulamento, operação, interface pública, referência de objeto, estado, método e método construtor.

Ao final deste capítulo, o leitor deverá ser capaz de, a partir de um modelo de objetos e das especificações das operações a serem realizadas, desenvolver aplicações simples em Java.

4.1 Descrição do Problema

Nosso objetivo é desenvolver uma aplicação para um banco que mantém uma rede de caixas automáticos, onde os clientes podem consultar seus saldos e efetuar saques, como discutido no Capítulo 2.

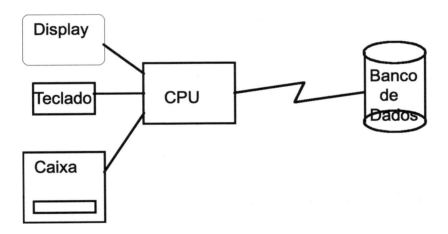

Figura 4.1: Arquitetura Física do Sistema de Caixa Automático.

A Figura 4.1 apresenta as principais partes do sistema de caixa automático. Os caixas são operados através de um teclado numérico e um pequeno display, que substitui o vídeo. Toda a operação é controlada por uma CPU local, onde será instalada a aplicação. Há ainda uma ligação com o banco de dados que armazena as informações sobre as contas correntes e com o caixa propriamente dito, que fornece as cédulas aos clientes.

Os caixas automáticos operam em dois modos distintos: supervisor e cliente. No modo supervisor, que é o modo inicial de operação, só é possível realizar uma operação de recarga de cédulas, efetuada por um supervisor que possua uma senha apropriada. Após uma operação de recarga, o caixa passa a ter R$1.000,00 em notas de R$10,00. No modo cliente, o caixa pode efetuar consultas de saldo e saques, exigindo a identificação do cliente através do número da conta e senha correspondente. Só são permitidos saques de valores múltiplos de R$10,00, até um máximo de R$200,00 e desde que haja saldo suficiente na conta do cliente.

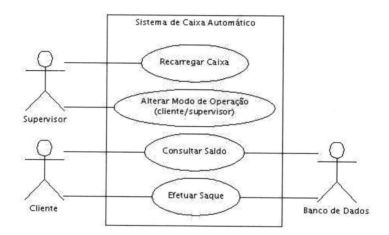

Figura 4.2: Diagrama de Casos de Uso.

Na Figura 4.2 estão apresentados os vários casos de uso previstos para o sistema, através da notação UML para diagramas de casos de uso (*use case diagrams*).

4.2 Análise e Projeto do Sistema de Caixa Automático

No projeto do sistema definimos as seguintes classes:

`TrmCxAut`

> Um objeto dessa classe representa o terminal de um caixa automático, composto pelo teclado, display e caixa. Essa classe encapsula toda a interface com os usuários. Com isso, a aplicação pode ser adaptada para outros tipos de terminais que usem cartões magnéticos ou telas sensíveis ao toque, por exemplo, substituindo-se apenas essa classe, de forma transparente para o restante da aplicação. Como há uma CPU em cada caixa automático, haverá um único objeto desse tipo em cada instância do programa.

`ControladorCaixa`

Um objeto dessa classe encapsula a política do banco em relação aos saques em caixas automáticos e as interfaces entre um objeto da classe `TrmCxAut` com o restante do sistema. Um objeto controlador recebe as requisições do terminal e coordena a execução das demais classes do sistema. Existe apenas um único objeto controlador por caixa.

`Caixa`

Um objeto dessa classe representa um caixa propriamente dito, que armazena as cédulas para pagamento dos saques efetuados pelos clientes. O sistema de caixa automático contém apenas um objeto da classe `Caixa`, controlado pelo objeto `ControladorCaixa`.

`ContaCor`

Os objetos dessa classe são as contas mantidas pelos clientes do banco. Essa classe encapsula as políticas do banco para manutenção das contas correntes.

`CadastroContas`

Essa classe possui apenas uma instância, que representa o banco de dados que armazena as informações sobre as contas correntes.

A Figura 4.3 apresenta o diagrama de classes com agregação correspondente, na notação UML.

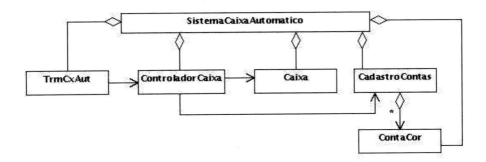

Figura 4.3: Diagrama de Classes.

66 • Programação Orientada a Objetos Usando Java™

4.2.1 Interface Pública da Classe TrmCxAut

Um objeto da classe `TrmCxAut` possui duas operações: uma para executar um ciclo de operações do caixa e outra que permite mudar o seu modo de operação. A primeira operação é especificada por `iniciarOperacao()`, que inicializa o terminal e apresenta o menu de operações na tela. A segunda operação permite alternar entre os modos de operação "cliente" e "supervisor" (`alternarModo(...)`). Essa última operação é ativada por uma mensagem com um único parâmetro, do tipo inteiro, que informa a senha do supervisor, o único capaz de alterar o modo de operação de um caixa. Ambos os métodos não retornam nenhum resultado.

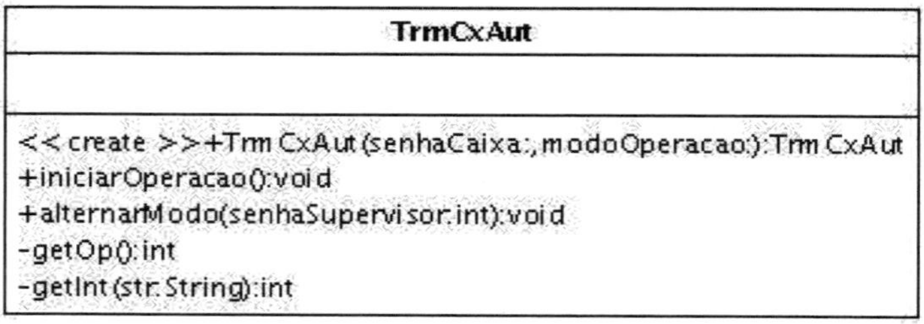

TrmCxAut
<<create>>+TrmCxAut(senhaCaixa:,modoOperacao:):TrmCxAut +iniciarOperacao():void +alternarModo(senhaSupervisor:int):void -getOp():int -getInt(str:String):int

Figura 4.4: Classe TrmCxAut.

Na especificação da classe `TrmCxAut`, a definição das operações dessa classe é apresentada na Figura 4.4.

4.2.2 Interface Pública da Classe `ControladorCaixa`

Um objeto da classe `ControladorCaixa` possui operações para controlar consultas de saldo, saques e recarregas do caixa, além da verificação da senha do supervisor. As operações dessa classe são apresentadas na Figura 4.5.

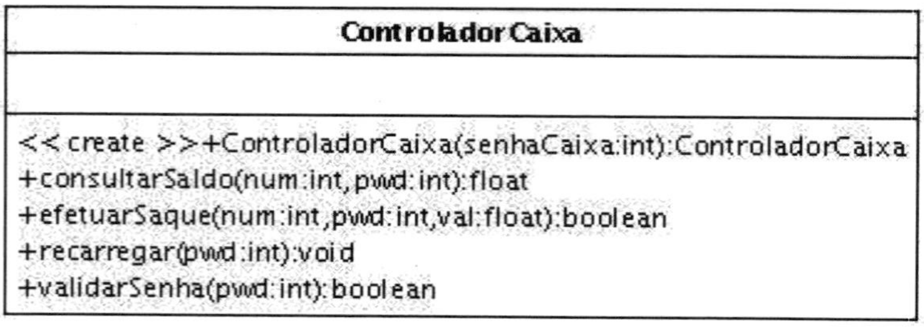

ControladorCaixa
<<create>>+ControladorCaixa(senhaCaixa:int):ControladorCaixa +consultarSaldo(num:int,pwd:int):float +efetuarSaque(num:int,pwd:int,val:float):boolean +recarregar(pwd:int):void +validarSenha(pwd:int):boolean

Figura 4.5: Classe ControladorCaixa.

A operação `consultarSaldo(...)` deve retornar o valor do saldo da conta se o número da conta e a senha estiverem corretas, ou -1 em caso contrário. A operação `efetuarSaque(...)` deve retornar true, se o pedido de saque foi atendido, ou false, caso contrário. A operação recarregar(...) aciona a recarga do caixa automático. Por fim, a operação `validarSenha(...)` solicita a verificação da senha do supervisor e retorna true, se a senha do supervisor estiver correta, ou false, caso contrário.

4.2.3 Interface Pública da Classe `Caixa`

Um objeto da classe `Caixa` possui operações para efetuar uma operação de recarga, consultar o saldo do caixa e validar a senha do supervisor. As operações dessa classe são apresentadas na Figura 4.6.

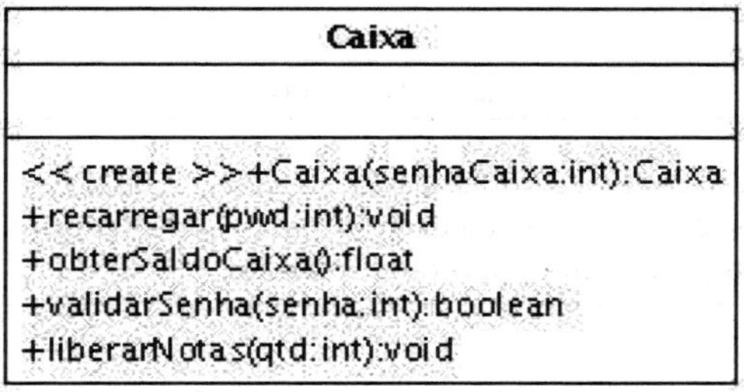

```
Caixa

<<create>>+Caixa(senhaCaixa:int):Caixa
+recarregar(pwd:int):void
+obterSaldoCaixa():float
+validarSenha(senha:int):boolean
+liberarNotas(qtd:int):void
```

Figura 4.6: Classe Caixa.

A operação recarregar(...) define o saldo do caixa como R$ 1000,00. A operação `obterSaldoCaixa()` deve retornar o valor do saldo do caixa eletrônico. A operação `validarSenha(...)` deve retornar true, se a senha informada for a senha do supervisor, ou false, caso contrário. Por fim, a operação `liberarNotas()` controla o dispositivo que efetua o pagamento.

4.2.4 Interface Pública da Classe `ContaCor`

Um objeto da classe `ContaCor` possui operações para obter o saldo da conta e debitar valores da mesma. Essas operações são apresentadas na Figura 4.7.

68 • Programação Orientada a Objetos Usando Java™

ContaCor
<<create>>+ContaCor(titular:,saldoAtual:,numConta:,senha:):ContaCor +obterSaldo(pwd:int):float +debitarValor(hist:String,val:float,pwd:int):void

Figura 4.7: Classe ContaCor.

4.2.5 Interface Pública da Classe `CadastroContas`

Para nossa aplicação a única operação relevante nessa classe é recuperar a referência de uma conta já existente, a partir do número da conta. Essa operação é apresentada na Figura 4.8.

CadastroContas
<<create>>+CadastroContas():CadastroContas +buscarConta(numcta:):ContaCor

Figura 4.8: Classe CadastroContas.

4.2.6 Diagramas de Sequência em UML

As Figuras 4.9, 4.10, 4.11 e 4.12 representam, através de diagramas de sequência, as interações entre os objetos das classes da aplicação para realizar as ações definidas no diagrama de casos de uso.

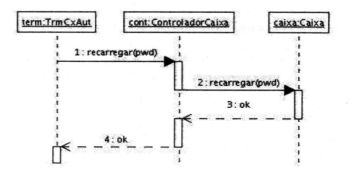

Figura 4.9: Diagrama de Sequência para Recarga do Caixa.

4 Estudo de Caso: Caixa Automático • 69

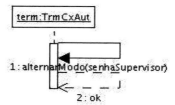

Figura 4.10: Diagrama de Sequência para Alteração do Modo de Operação.

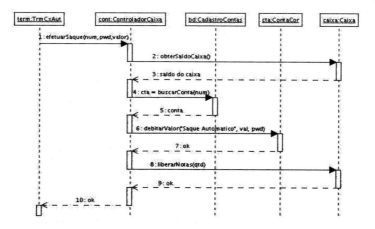

Figura 4.11: Diagrama de Sequência para Saque.

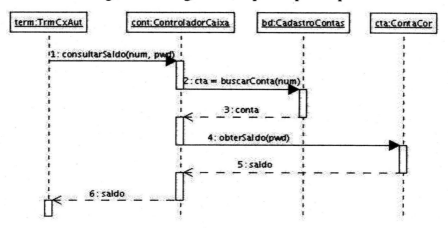

Figura 4.12: Diagrama de Sequência para Consulta Saldo.

70 • Programação Orientada a Objetos Usando Java™

4.3 Implementação do Sistema

Para cada classe da aplicação iremos criar um arquivo com sua especificação. Os arquivos devem ser gravados em formato texto, sem qualquer formatação, com o mesmo nome da classe e extensão .java.

4.3.1 Especificação da Classe `TrmCxAut`

Com as informações de projeto que definem a interface pública da classe, podemos iniciar a codificação com o seguinte esqueleto:

```
public class TrmCxAut {
        //Constantes
        // constantes que representam o modo de operação do terminal
        // (cliente ou supervisor)

        //Atributos
         //definição do estado da classe
        //Operacoes
        public TrmCxAut(int senhaCaixa, int modoOperacao) {
                //código do construtor
        }

        public void iniciarOperacao(){
                //código do método  iniciarOperacao()
        }

        public void alternarModo(int senhaSupervisor){
                //código do método alternarModo()

        }

        private int getOp() {
                //código do método getOp()
        }


        private int getInt(String str) {
                //código do método getInt()
        }

}
```

Foram definidas duas constantes para representar os possíveis modos de operação do caixa automático: MODO_SUPERVISOR, equivalente ao valor inteiro 0 e MODO_CLIENTE, equivalente ao valor inteiro 1.

```
public static int MODO_SUPERVISOR = 0;
public static int MODO_CLIENTE = 1;
```

O estado de um objeto dessa classe pode ser descrito através de dois atributos: o controlador do caixa ao qual o terminal está acoplado e o modo de operação atual. Para isso definiremos uma variável de nome `controladorCaixa`, que irá conter uma referência para um objeto da classe `ControladorCaixa`, e outra de nome `modoAtual`, do tipo inteiro, para representar o modo de operação, podendo ser 0, para modo supervisor, ou 1, para modo cliente, conforme abaixo:

```
private ControladorCaixa controladorCaixa; // caixa que processa as transa-
ções
private int modoAtual;   // modo de operação atual: 0=supervisor, 1=cliente
```

O método `alternarModo(int senhaSupervisor)`

A única ação executada por esse método é a atribuição de um novo valor à variável `modoAtual`, verificando a corretude da senha de administrador fornecida. O código seguinte implementa essa ação de forma a garantir a consistência do atributo, rejeitando atribuições inválidas.

```
if(this.controladorCaixa.validarSenha(senhaSupervisor)){
    if (this.modoAtual == TrmCxAut.MODO_SUPERVISOR)
        this.modoAtual = TrmCxAut.MODO_CLIENTE;
    else
        this.modoAtual = TrmCxAut.MODO_SUPERVISOR;
}
```

O método `iniciarOperacao()`

Nesse método deve ser executado um ciclo de diversas operações, que podem ser consultas de saldo, saques, recargas do caixa e alteração do modo de operação. No modo cliente só podem ser executadas operações dos dois primeiros tipos, enquanto no modo supervisor somente operações de recarga. A operação para alterar o modo de execução está disponível tanto para clientes, quanto para supervisores, mas exige a digitação da respectiva senha de supervisão. Iremos incluir uma opção para encerrar um ciclo de operações que poderá ser selecionada a qualquer momento, apenas para facilitar os testes da aplicação.

Podemos definir a seguinte estrutura geral, que utiliza um método auxiliar `ge-tOp`, a ser definido mais adiante, para obter o código da operação solicitada pelo usuário, que poderá ser: 1 para consulta de saldo, 2 para saque, 3 para recarga do caixa, 8 para alterar o modelo de execução e 9 para encerrar o ciclo de operações.

```
int op; // código da operação solicitada
            op=getOp();
            while (op!=9) {
             switch (op) {
               case 1:
             //código para solicitar o saldo
               break;
               case 2:
                   //código para solicitar o saque
               break;
               case 3:
                   //código para solicitar a recarga do caixa
               break;

               case 8:
                   //código para alterar o modo de operação do caixa
               break;
             }
             op=getOp();
            }
```

Conforme especificado no projeto, uma consulta de saldo é feita através da operação `consultarSaldo(...)`, do objeto `controladorCaixa`, fornecendo o número da conta e a senha, ambos números inteiros. Um resultado igual a -1 indica que os dados fornecidos não são válidos. Em qualquer caso deve ser enviada uma resposta para o usuário com o valor do saldo ou uma mensagem de erro.

O código seguinte implementa essa operação utilizando-se um método auxiliar, chamado `getInt`, para obter um número inteiro fornecido pelo usuário, tendo como parâmetro uma string, que será exigida ao usuário:

```
float saldo=controladorCaixa.consultarSaldo
                        (getInt("número da conta"), getInt("senha"));
if (saldo==-1)  // testa se consulta foi rejeitada
   System.out.println("conta/senha inválida");
else System.out.println("Saldo atual: "+saldo);
```

Um pedido de saque pode ser implementado de forma semelhante, através da operação `efetuarSaque(...)`, fornecendo-se, além do número da conta e senha, o valor solicitado pelo cliente:

```
boolean b=controladorCaixa.efetuarSaque
        (getInt("número da conta"), getInt("senha"),
getInt("valor"));
if (b)           // testa se saque foi aceito
   System.out.println("Pode retirar o dinheiro");
else System.out.println("Pedido de saque recusado");
Uma operação de recarga é ainda mais simples:
controladorCaixa.recarregar(getInt("senha"));
```

A operação de alteração do modo de operação é igualmente simples:

```
this.alternarModo(getInt("senha do supervisor"));
```

Iremos definir agora os métodos auxiliares `getOp` e `getInt`.

O método `getOp()`

Este método deve obter o código da operação solicitada pelo usuário, garantindo que seja compatível com o modo de operação atual. O código seguinte implementa essa ação, utilizando o método `getInt` para obter a opção do usuário:

```
private int getOp() {
  int op;
  do {
    if (modoAtual==1) {   // modo cliente
      op=getInt
        ("opcao: 1 = consulta saldo, 2 = saque, 8=modo supervisor,
9=sai");
        if (op!=1 && op!=2 && op!=8 && op!=9) op=0;
    }else {                          // modo supervisor
        op=getInt
          ("opcao: 3 = recarrega, 8=modo cliente, 9=sai");
        if (op!=3 && op!=8 && op!=9) op=0;
    }
  } while (op==0);
  return(op);
}
```

74 • Programação Orientada a Objetos Usando Java™

O método `getInt`(String str)

A única ação desse método é obter um valor inteiro fornecido pelo usuário, após enviar uma mensagem solicitando o dado.

Para ler valores do teclado utilizando as classes das bibliotecas de Java precisamos definir mais duas variáveis que serão denominadas r e st. A primeira é uma referência para um objeto de tipo Reader, associada à entrada padrão System.in, definida através do comando:

```
Reader r=new BufferedReader
        (new InputStreamReader (System.in));
```

A segunda variável é uma referência para um objeto da classe `StreamTokenizer` que faz o reconhecimento dos valores digitados pelo usuário, e é definida por:

```
StreamTokenizer st=new StreamTokenizer(r);
```

Feitas essas definições podemos agora codificar o método `getInt` da seguinte forma:

```
private int getInt(String str) {
  System.out.println("Entre com "+str);
  try {st.nextToken();}
  catch (IOException e) {
    System.out.println("Erro na leitura do teclado");
    return(0);
  }
  return((int)st.nval);
}
```

Como estão sendo utilizadas as classes Reader e `StreamTokenizer`, é necessário acrescentar, no início do arquivo e antes do comando class, a seguinte declaração, que especifica onde se encontram as definições dessas classes:

```
import java.io.*;
```

O construtor da classe

Conforme o projeto das classes, um objeto da classe `TrmCxAut` contém um objeto da classe `ControladorCaixa`. O construtor da classe `TrmCxAut` é, portanto, o método mais indicado para criar esse objeto. Como visto anteriormente, utilizaremos a variável `controladorCaixa` para armazenar sua referência.

O código seguinte define um construtor para isso:

```
controladorCaixa = new ControladorCaixa(senhaCaixa);
modoAtual = modoOperacao;
```

Compilando a classe `TrmCxAut`

Após criado o arquivo `TrmCxAut.java` contendo toda a definição da classe podemos compilá-lo usando o comando:

```
javac TrmCxAut.java
```

Como a classe `TrmCxAut` contém referências para a classe `CadastroContas`, que ainda não existe, serão geradas diversas mensagens de erro de compilação, tal como ocorreu ao compilarmos a classe `Caixa`.

4.3.2 Especificação da Classe ControladorCaixa

Com as informações de projeto que definem a interface da classe, podemos iniciar a codificação com o seguinte esqueleto:

```
public class ControladorCaixa {
        //Atributos
        //atributos da classe  ControladorCaixa

        //Operacoes

        public ControladorCaixa(int senhaCaixa) {
                //implementação do método construtor
        }


        public float consultarSaldo (int num, int pwd){
                //implementação do método consultarSaldo
        }
```

76 • Programação Orientada a Objetos Usando Java™

```
        public boolean efetuarSaque (int num, int pwd, float val){
                //implementação do método efetuarSaque
        }


        public void recarregar(int pwd){
                //implementação do método recarregar
        }

        public boolean validarSenha(int pwd){
                //implementação do método validarSenha
        }


}
```

O estado do controlador de um caixa pode ser definido através de dois atributos: o banco de dados de contas a ser utilizado e o próprio caixa automático. O primeiro atributo é do tipo `CadastroContas`, definido como:

```
private CadastroContas dbContas;   // Banco de dados das contas
```

O caixa automático é representado por um objeto da classe `Caixa`, definido como:

```
private Caixa caixa; // caixa automárico
```

O método `recarregar(int pwd)`

Este requisita ao caixa a sua recarga, a sua implementação foi colocada como exercício de fixação do final deste capítulo.

O método `validarSenha(int pwd)`

Este método requisita ao caixa a validação da senha de administração, a sua implementação foi colocada como exercício de fixação do final deste capítulo.

O método `consultarSaldo(int num, int pwd)`

Para realizar uma operação de consulta de saldo, em `consultarSaldo`, é necessária a colaboração do objeto da classe `ContaCor` que representa a conta que está sendo consultada. O primeiro passo, portanto, será obter uma referência para esse objeto, a partir do número da conta recebido através do parâmetro `num`. Conforme especificado no projeto, será utilizado o método `buscarConta` do banco de dados.

Devemos definir, portanto, uma variável auxiliar cta, de tipo `ContaCor`, que receberá o resultado do método `buscarConta`, passando como argumento o valor do parâmetro `num`, conforme abaixo:

```
ContaCor cta;
    cta = dbContas.buscarConta(num); // obtem referencia para o objeto
que representa a conta 'num'
```

Conforme especificado no projeto, caso o número informado não seja um número de conta válido, é retornada uma referência nula (valor null). Nesse caso o método `consultarSaldo` deve retornar o valor -1. Caso contrário, devemos simplesmente repassar a consulta para o objeto que representa a conta e retornar o resultado obtido.

Podemos, portanto, concluir esse método com:

```
if (cta==null)    // se numero de conta invalido ...
    return -1; // ... retorna -1
else              // caso contrario ...
    return cta.obterSaldo(pwd); // efetua consulta
```

O método `efetuarSaque (int num, int pwd, float val)`

Este método efetua o saque de acordo com a especificação abaixo, a sua implementação foi colocada como exercício de fixação do final deste capítulo.

1. Aceitar apenas valores múltiplos de R$ 10,00;
2. Saques de no máximo R$ 200,00;
3. Ter certeza que o caixa tem o dinheiro que o cliente deseja sacar;
4. Verificar se o saldo é válido;

78 • Programação Orientada a Objetos Usando Java™

No final, o método deve retornar `true`, caso o saque tenha sido efetuado com sucesso e `false`, caso contrário.

O construtor da `classe`

A implementação do construtor consistiu em instanciar tanto o caixa automático, quanto o banco de dados de contas que será utilizado. A solução adotada é apresentada a seguir:

```
this.senhaCaixa =  senhaCaixa;

caixa = new Caixa(senhaCaixa);
```

Compilando a classe `ControladorCaixa`

Após criado o arquivo `ControladorCaixa.java` contendo toda a definição da classe podemos compilá-la usando o comando:

```
javac ControladorCaixa.java
```

4.3.3 Especificação da Classe `Caixa`

Com as informações de projeto que definem a interface da classe, podemos iniciar a codificação com o seguinte esqueleto:

```java
public class Caixa {
        //Atributos
         //aqui entram os atributos

        //Operacoes
        public Caixa(int senhaCaixa) {
                //implementação do construtor
        }


        public void recarregar(int pwd){
                //implementação do método recarregar()
        }
```

```
        void liberarNotas(int qtd){
                //implementação do método liberarNotas()
        }

        public float obterSaldoCaixa(){
                //implementação do método obterSaldoCaixa()
        }

        public boolean validarSenha(int pwd){
                //implementação do método validarSenha()
        }
}
```

O estado de um caixa pode ser definido através de dois atributos: o saldo do caixa e a senha do seu administrador. A seguir é apresentada a definição desses atributos:

```
private float saldoCaixa;// saldo no caixa, em R$
private int senhaCaixa;
```

O método `recarregar(int pwd)`

Este método verifica se a senha informada está correta e em caso afirmativo, define o saldo do caixa como R$1.000,00, a sua implementação foi colocada como exercício de fixação do final deste capítulo.

O método `obterSaldoCaixa()`

Este método retorna o saldo do caixa, a sua implementação foi colocada como exercício de fixação do final deste capítulo.

O método `validarSenha(int pwd)`

Este método deve retornar true, se a senha estiver correta, e false, caso contrário, a sua implementação foi colocada como exercício de fixação do final deste capítulo.

O método `liberarNotas(int qtd)`

Este método libera as notas e é responsável por reduzir o valor total das notas emitidas do saldo do caixa. Cada nota liberada deve ser representada pela impressão da string "===/ R$10,00 /===>", a sua implementação foi colocada como exercício de fixação do final deste capítulo.

80 • Programação Orientada a Objetos Usando Java™

O construtor da `classe`

O método `Caixa()` implementa o construtor da classe `Caixa`, realizando as seguinte ações: armazena a senha do caixa (senha do administrador) e inicializa o seu saldo como R$0,00:

```
this.senhaCaixa = senhaCaixa;
this.saldoCaixa = 0;
```

Compilando a classe `Caixa`

Após criado o arquivo `Caixa.java` contendo toda a definição da classe podemos compilá-la usando o comando:

```
javac Caixa.java
```

4.3.4 Especificação da Classe `ContaCor`

Com as informações de projeto que definem a interface da classe, podemos iniciar a codificação com o seguinte esqueleto:

```
public class ContaCor {
      //Constantes
         //definição de constantes

      //Atributos
        // definição de atributos

  //Operacoes
  public ContaCor(String titular, float saldoAtual, int numConta, int se-
nha) {
     //implementalçao do construtor
  }
      public float obterSaldo(int pwd){
          //Implementação do método obterSaldo()
      }
      public boolean debitarValor(String hist, float val, int pwd){
            //implementação do método debitarValor()
      }
}
```

Foram definidas duas constantes para representar os possíveis modos de operação de uma conta corrente: ATIVA, equivalente ao valor inteiro 1 e ENCERRADA, equivalente ao valor inteiro 2.

```
public static int ATIVA = 1;
public static int ENCERRADA = 2;
```

O estado de uma conta corrente pode ser definido através de nove atributos, que definem os dados de uma conta:

```
private int estado;       // 1=Ativa, 2=Encerrada
private String titular;   // nome do titular
private int numConta;     // número da conta
private int senha;        // senha
private float saldoAnterior; // saldo anterior
private String historico[];  // históricos e
private float valorLanc[];   // valores dos últimos
                          // lançamentos > 0 p/ créditos; < 0 p/ dé-
bitos
private int ultLanc;      // topo dos vetores acima
private float saldoAtual; // saldo atual da conta
```

O método `obterSaldo(int pwd)`

Este método verifica a validade da senha e o estado da conta. Se a senha estiver correta e a conta estiver ATIVA, retorna o saldo da conta, caso contrário, retorna -1, a sua implementação foi colocada como exercício de fixação do final deste capítulo.

O método `debitarValor(String hist, float val, int pwd)`

Este método, após a verificação da senha e a verificação do estado da conta, que deve estar ATIVA, debita o valor informado do saldo da conta. O método retorna true, se a operação foi realizada com sucesso e `false`, caso contrário. Vale a pena lembrar que a conta deve manter o histórico das últimas transações. Sendo assim, atualize o atributo historico com o valor do parâmetro hist, a sua implementação foi colocada como exercício de fixação do final deste capítulo.

O construtor da `classe`

82 • Programação Orientada a Objetos Usando Java™

O método `ContaCor(...)` implementa o construtor da classe `ContaCor`, realizando a inicialização dos atributos da classe:

```
this.estado = ContaCor.ATIVA; // A conta se torna ativa,
                             //podendo receber lançamentos.
this.titular = titular;
this.saldoAtual = saldoAtual;
this.numConta = numConta;
this.senha = senha;
this.ultLanc=0; // A conta sem nenhum lançamento.
this.historico=new String[11];  // cria vetores ...
this.valorLanc=new float[11];   // ... com 11 elementos
```

Compilando a classe `ContaCor`

Após criado o arquivo ContaCor.java contendo toda a definição da classe podemos compilá-la usando o comando:

```
javac ContaCor.java
```

4.3.5 Definição da Classe `CadastroContas`

Neste exemplo, iremos simular a existência de um banco de dados que será implementado pela classe `CadastroContas`. Para este exemplo, essa classe define apenas um método, `buscaConta`, responsável por procurar um objeto do tipo `ContaCor`. Com o fim de facilitar a realização de testes, três contas são criadas pelo construtor da classe `CadastroContas` quando esta é instanciada.

O código seguinte define essa classe:

```
class CadastroContas {
  private ContaCor c[];  // vetor de contas
  CadastroContas () {  // método construtor
    c=new ContaCor[4];
    c[1]=new ContaCor("Ursula",500,1,1);
    System.out.println
      ("Criada conta 1 senha 1 com 500,00");
    c[2]=new ContaCor("Mia",500,2,2);
```

4 Estudo de Caso: Caixa Automático • 83

```
    System.out.println
        ("Criada conta 2 senha 2 com 500,00");
    c[3]=new ContaCor("Alfredo",500,3,3);
    System.out.println
        ("Criada conta 3 senha 3 com 500,00");
    }
    ContaCor buscaConta (int numcta) {
        if (numcta<1 || numcta>3)    // apenas 3 contas no BD
            return(null);
        else
            return(c[numcta]);
    }
}
```

Compilando a classe `CadastroContas`

Uma vez que tenha sido criado o arquivo `CadastroContas.java` contendo a definição da classe, podemos compilá-la usando o comando:

```
javac CadastroContas.java
```

Não deverá haver erro na compilação. Caso haja alguma mensagem de erro, confira o conteúdo do arquivo com o código apresentado ao longo do texto e compile-o novamente após efetuar as correções necessárias.

Devemos agora compilar novamente as classes `ControladorCaixa` e `TrmCxAut`, para verificar se os erros gerados anteriormente são todos eliminados com a definição da classe `CadastroContas`. Como a classe `TrmCxAut` contém referência para a classe `ControladorCaixa`, basta compilarmos `TrmCxAut`, pois a classe controladora será compilada automaticamente.

4.4 Execução da aplicação

Para testar a aplicação desenvolvida vamos utilizar um pequeno programa que cria o banco de dados e inicia a operação do terminal de caixa:

Crie um arquivo de nome `Principal.java` contendo:

84 • Programação Orientada a Objetos Usando Java™

```
class Principal {
    public static void main (String[] args) {
        //Instanciacao do caixa automatico
            TrmCxAut meuCaixaAut = new TrmCxAut(123,TrmCxAut.MODO_SUPERVI-
SOR);

        //utilizacao do caixa
        meuCaixaAut.iniciarOperacao();
    }
}
```

Em seguida, compile o programa usando o comando:

```
javac Principal.java
```

Não havendo erros, a aplicação pode ser executada com:

```
java Principal
```

A seguir encontram-se os resultados obtidos numa sessão que executou o seguinte cenário:

1. Recarga do caixa;
2. Alternância do modo de operação;
3. Consulta de saldo da conta 1;
4. Saque de R$ 50,00 da conta 1;
5. Consulta de saldo da conta 1;
6. Sair do sistema.

```
Criada conta 1 senha 1 com 500,00
Criada conta 2 senha 2 com 500,00
Criada conta 3 senha 3 com 500,00
Entre com opcao: 3 = recarrega, 8=modo cliente, 9=sai
3
Entre com senha
123
Entre com opcao: 3 = recarrega, 8=modo cliente, 9=sai
8
Entre com senha
123
Entre com opcao: 1 = consulta saldo, 2 = saque, 8=modo supervisor, 9=sai
1
```

```
Entre com numero da conta
1
Entre com senha
1
Saldo atual: 500.0
Entre com opcao: 1 = consulta saldo, 2 = saque, 8=modo supervisor, 9=sai
2
Entre com número da conta
1
Entre com senha
1
Entre com valor
50
===/ R$10,00 /===>
===/ R$10,00 /===>
===/ R$10,00 /===>
===/ R$10,00 /===>
===/ R$10,00 /===>
Pode retirar o dinheiro
Entre com opcao: 1 = consulta saldo, 2 = saque, 8=modo supervisor, 9=sai
1
Entre com numero da conta
1
Entre com senha
1
Saldo atual: 450.0
Entre com opcao: 1 = consulta saldo, 2 = saque, 8=modo supervisor, 9=sai
9
```

4.5 Exercícios de Fixação

1. Implemente o método `recarrega()` na classe `ControladorCaixa`.

2. Implemente o método `validarSenha(int pwd)` na classe `Controlador-Caixa`.

3. Implemente o método `efetuarSaque(int num, int pwd, float val)` na classe `ControladorCaixa`.

4. Implemente o método `recarregar(int pwd)` na classe `Caixa`.

5. Implemente o método `obterSaldoCaixa()` na classe `Caixa`.

6. Implemente o método `validarSenha(int pwd)` na classe `Caixa`.

86 • Programação Orientada a Objetos Usando Java™

7. Implemente o método `liberarNotas(int qtd)` na classe `Caixa`.

8. Implemente o método `obterSaldo(int pwd)` na classe `ContaCor`.

9. Implemente o método `debitarValor(String hist, float val, int pwd)` na classe ContaCor.

10. Execute a aplicação definindo outros cenários que violam a especificação do sistema.

5 Herança

Neste capítulo é explicado o que é herança em orientação a objetos e descrito o mecanismo de herança de classes de Java. São apresentados também os conceitos de generalização/especialização, subclasses e superclasses, hierarquias de classes, classes ancestrais e classes descendentes, heranças simples e múltipla, subtipo e supertipo, herança de comportamento e herança de implementação. É apresentado também o modificador de visibilidade protected.

Ao final deste capítulo o estudante deverá ser capaz de fazer distinção entre as diferentes formas de herança; definir subclasses em Java e aplicar corretamente esse mecanismo.

5.1 Generalização/Especialização

Uma forma intuitiva que utilizamos para assimilar novos conhecimentos e experiências da vida real é através de generalização e especialização de conhecimentos e experiências anteriores.

Generalização/Especialização (*generalization/specialization*) Uma relação entre um elemento mais genérico e um mais específico. O mais específico é totalmente consistente com o mais genérico, com alguma propriedade adicional e podendo substituí-lo em qualquer situação.

Por exemplo: alguém que esteja utilizando um microcomputador pela primeira vez procura, naturalmente, identificar semelhanças com outros objetos que lhe sejam familiares. Para algumas pessoas o microcomputador será compreendido como um novo tipo de eletrodoméstico que, assim como a televisão, exibe imagens na tela e pode ser ligado ou desligado por meio de um botão. Outras pessoas irão percebê-lo como um novo tipo de equipamento de escritório que substitui a máquina de escrever. Ainda, outras, o verão como um híbrido de TV e máquina de escrever.

Na Figura 5.1 estão representados essas três formas particulares de se compreender um microcomputador, dentre as inúmeras possíveis, usando a notação da UML.

88 • Programação Orientada a Objetos Usando Java™

Evidentemente não podemos apontar qualquer uma dessas formas como intrinsecamente «melhor» ou «pior». Cada uma delas possui vantagens e limitações e sua maior ou menor adequação depende fundamentalmente da bagagem de conhecimentos e experiências prévias de quem a utiliza.

Embora nenhuma dessas formas permita, por si só, a plena compreensão de um microcomputador, elas reduzem substancialmente o que é preciso assimilar como «algo novo». Questões como «*De que forma a imagem aparece na tela ?*», por exemplo, podem ser satisfatoriamente respondidas por "*Tal como numa TV.*", ainda que não se saiba exatamente como isso aconteça!

5.2 Mecanismo de Herança

Em orientação a objetos, as relações de generalização/especialização são implementadas através do mecanismo de herança.

> **Herança** (*inheritance*) É um mecanismo pelo qual elementos mais específicos incorporam estrutura e comportamento de elementos mais genéricos.

Embora o mecanismo de herança seja uma característica essencial das linguagens de programação orientadas a objetos, os mecanismos das linguagens de programação existentes divergem substancialmente, em aspectos como:

i. natureza dos elementos envolvidos numa relação de herança, podendo ser objetos individualmente, classes de objetos ou tipos abstratos de dados, dentre outros;

ii. possibilidade de um elemento incorporar características "híbridas", de dois ou mais gêneros distintos (herança múltipla);

iii. semântica da relação de herança, que determina o que é herdado e como é combinado com as características específicas do herdeiro;

iv. forma como a herança é implementada, envolvendo questões como visibilidade e proteção entre os elementos relacionados.

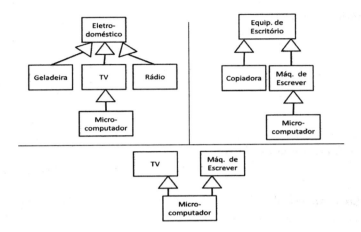

Figura 5.1: Exemplos de Generalização / Especialização.

5.3 Definição de Subclasses em Java

O mecanismo de herança entre classes é a definição de subclasses (ou *subclassing*). Esse mecanismo permite definir uma classe de objetos que herda a estrutura e o comportamento de outra classe já existente.

> **Subclasse, Classe Derivada** ou **Classe Filha** (*subclass* ou *derived class*) Numa relação de herança, é a classe mais específica que herda a estrutura e o comportamento da outra classe.

> **Superclasse, Classe Base** ou **Classe Pai** (*superclass* ou *base class*) Numa relação de herança, é a classe mais genérica cuja estrutura e comportamento são herdados por outra classe.

Em Java, a herança entre classes é sempre simples, ou seja, uma subclasse possui uma única superclasse. As relações de herança são estáticas: a superclasse é especificada na definição da subclasse e não pode ser alterada dinamicamente.

Uma subclasse pode estender o comportamento definido para a superclasse de dois modos:

> **modo 1**: definição de novos atributos e métodos, que implementam operações específicas da subclasse; ou

90 • Programação Orientada a Objetos Usando Java™

modo 2: redefinição de métodos herdados da superclasse, especificando novas formas de implementação para operações já existentes na superclasse.

O comportamento dos objetos da subclasse é, portanto, o comportamento definido para os objetos da superclasse com as extensões e modificações especificadas na subclasse.

As relações de herança de uma classe se propagam para todas as suas subclasses, originando **hierarquias de classes** onde os atributos e métodos de uma classe são herdados por todas as classes descendentes.

Classe Ancestral (*ancestor*) É a superclasse ou, recursivamente, qualquer classe ancestral da mesma.

Classe Descendente (*descendant*) É a subclasse ou, recursivamente, qualquer classe descendente da mesma.

A sintaxe de Java para definição de subclasse é:

```
definição-de-subclasse
class <nome-de-classe> extends <superclasse> {
        <definição-de-atributos> // atributos especializados
        <definição-de-métodos> // operações especializadas
}
```

O nome da superclasse é fornecido através da cláusula `extends`.

A definição de atributos e métodos especializados segue as mesmas regras já apresentadas para definição de classe (Capítulo 2).

5.4 Estudo de Caso: Contas Especiais

Nas seções seguintes vamos estender o estudo de caso do caixa automático, apresentado no Capítulo 4, e supor que o Banco ofereça contas especiais, com as seguintes características:

i. uma conta especial possui um limite de crédito, que é adicionado ao saldo da conta;

ii. o limite de uma conta especial é fixado na abertura da conta em R$200,00, podendo ser alterado posteriormente, desde que o saldo da conta permaneça positivo;

iii. os encargos devidos pelo cliente são calculados diariamente, sobre a parcela do limite de crédito efetivamente utilizada ao final do dia;

iv. em todos os demais aspectos uma conta especial é tratada como uma conta corrente comum.

5.4.1 Análise das Contas Especiais

O comportamento de uma conta especial é, portanto, bastante semelhante ao de uma conta comum, sugerindo uma relação de generalização / especialização entre esses dois tipos de contas. Podemos considerar a existência de um limite de crédito e todas as operações relacionadas com o mesmo como uma extensão do comportamento de uma conta comum. Iremos considerar, portanto, uma conta especial como uma especialização das contas comuns, como ilustrado através da Figura 5.2.

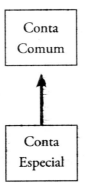

Figura 5.2: Especialização de Contas Correntes.

Note que poderíamos ter escolhido outra forma de modelagem, como (i) considerar ambos tipos de contas como especializações de uma conta corrente genérica ou (ii) tratar uma conta comum como uma especialização de uma conta especial, como representado na Figura 5.3.

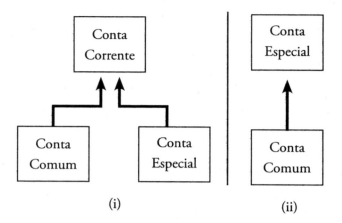

Figura 5.3: Alternativas de Modelagem.

5.4.2 Projeto da Classe `ContaEsp`

Para implementar as contas especiais precisamos definir uma nova classe em nossa aplicação, já que essas contas se comportam de modo diverso das contas comuns.

Iremos utilizar, para isso, o mecanismo de herança de Java para definir uma subclasse, de nome `ContaEsp`, que irá estender o comportamento das contas comuns, tal como definido na classe `ContaCor`. A classe `ContaCor` será, portanto, a superclasse de `ContaEsp`

A operação de abertura de conta das contas especiais requer a seguinte especialização: a fixação do limite de crédito em R$200,00 e o crédito desse valor na conta, através de um lançamento apropriado. O limite de crédito é o único atributo específico das contas especiais.

São necessárias ainda duas operações especializadas para as contas especiais: alteração do limite de crédito e obtenção do valor do crédito utilizado. A operação de alteração do limite de crédito deve ajustar o saldo da conta ao novo limite, através de um lançamento no valor da diferença entre o novo limite e o limite anterior, e armazenar o novo limite de crédito da conta.

O valor do crédito utilizado será igual a zero se o saldo da conta for superior ao limite de crédito, ou igual à diferença entre esses dois valores.

No diagrama de classes da figura 5.4 estão representadas as duas classes envolvidas, com seus respectivos atributos e operações.

Iremos definir a seguinte interface para as operações especializadas da classe ContaEsp:

```
boolean alteraLimite (float val, int pwd);
float getCreditoUtilizado (int pwd);
```

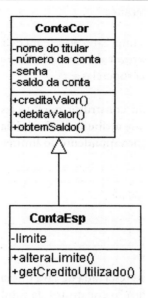

Figura 5.4: Hierarquia de Classes ContaCor/ContaEsp.

5.4.3 Implementação da classe ContaEsp

Podemos iniciar a definição da classe ContaEsp com a definição do seu único atributo especializado, que é o limite da conta especial:

```
class ContaEsp extends ContaCor {
  private float limite;   // limite da conta
  // aqui entram os métodos especializados }
```

94 • Programação Orientada a Objetos Usando Java™

Essa definição deve ser incluída num arquivo de nome `ContaEsp.java`.

5.4.3.1 Abertura de Conta Especial

Na implementação da classe `ContaCor` (Capítulos 2 e 4) a abertura da conta é feita através do seu método construtor, que atribui os valores iniciais aos atributos de nome, senha e saldo inicial.

5.4.3.2 Construtores e Herança

Os métodos construtores são uma exceção à regra da herança, pois não são herdados pelas subclasses. O construtor de uma subclasse tem, obrigatoriamente, que chamar um construtor de sua superclasse.

O código seguinte define um construtor para a classe `ContaEsp` que chama o construtor da classe `ContaCor`, atribui o limite inicial da conta e efetua um lançamento a crédito no valor correspondente ao limite:

```
ContaEsp (String nome, float val, int num, int pwd) {
    super(nome, val, num, pwd);
    limite=200;
    creditaValor("Limite de Credito Especial", limite);
}
```

O termo `super` é uma palavra reservada de Java que significa «minha superclasse» e o método `super()` significa "o construtor da minha superclasse".

A Figura 5.5 ilustra as duas etapas do processo de instanciação de um objeto `c1` do tipo `ContaEsp` através desse construtor: (1) o construtor da superclasse cria um objeto da classe `ContaCor` e (2) o construtor da subclasse cria um objeto do tipo `ContaEsp` que é associado ao objeto do tipo `ContaCor`. Embora o objeto resultante seja do tipo `ContaEsp`, a aplicação pode tratá-lo como sendo de qualquer um dos dois tipos: `ContaCor` e `ContaEsp`.

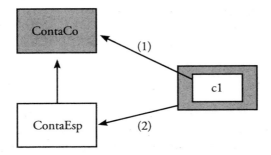

Figura 5.5: Construção de um Objeto de ContaEsp.

5.4.3.3 Alteração do Limite da Conta

A alteração do limite é feita em duas etapas: faz-se um lançamento para ajustar o saldo da conta ao novo limite e, caso essa operação seja bem sucedida, altera-se o limite de crédito. O lançamento de ajuste pode ser tanto um crédito, caso se trate de um aumento do limite atual da conta, como um débito, caso se trate de uma redução.

O método seguinte implementa essa operação:

```
public boolean alteraLimite (float novoLimite, int pwd) {
    boolean r;
    if (novoLimite>limite)        // se aumento de limite
        r=creditaValor      // efetua crédito adicional
            ("Aumento de Limite de Credito Especial",
             novoLimite-limite);
    else                                            // se diminuição de
limite
        r=debitaValor       // debita valor da redução
            ("Reducao de Limite de Credito Especial",
             limite-novoLimite, pwd);
    if (r) limite=novoLimite; // se lançamento ok, altera o limite atual
    return (r);           // retorna resultado
}
```

5.4.3.4 Obtenção do Valor do Crédito Utilizado

A implementação desse método é também bastante simples: o saldo da conta é comparado com o limite de crédito, retornando zero se for superior ao limite ou a diferença entre ambos em caso contrário.

96 • Programação Orientada a Objetos Usando Java™

```
public float getCreditoUtilizado (int pwd) {
   float saldoAtual;
   saldoAtual=getSaldo(pwd); // obtem saldo atual
   if (saldoAtual==-1) // se senha invalida
      return -1; // rejeita a operação
   return (saldoAtual>limite?0:limite - saldoAtual);
            // retorna zero se o limite não tiver sido usado
}
```

Numa aplicação real seriam necessárias ainda outras operações especializadas, tais como a obtenção do limite atual de uma conta.

5.4.3.5 Executando a Classe `ContaEsp`

Para testar a definição da classe `ContaEsp` vamos utilizar o seguinte programa, que deve ser incluído num arquivo de nome `Cap5.java`:

```
class Cap5 {
   static public void main (String Arg[]) {
      ContaEsp c1;
      c1=new ContaEsp("Guilherme",100,1,1);
      c1.debitaValor("retirada",150,1);
      System.out.println("Saldo="+c1.getSaldo(1));
      System.out.println("Credito utilizado="+
                        c1.getCreditoUtilizado(1));
      c1.alteraLimite(300,1);
      System.out.println("Saldo final="+c1.getSaldo(1));
   }
}
```

O resultado da execução desse programa será:

```
Saldo=150.0
Credito utilizado=50.0
Saldo final=250.0
```

5.5 Herança e Visibilidade Protegida

Observe, na implementação da classe `ContaEsp`, que o método `getCreditoU-tilizado()` utiliza o método `getSaldo()`, definido na superclasse `ContaCor`, para obter o saldo da conta. Sabemos, contudo, que a superclasse define também o atributo `saldoAtual`, para armazenar aquele valor. Como os objetos da subclasse herdam todos os atributos da superclasse, poderíamos pensar em simplificar o método `getCreditoUtilizado()` eliminando a chamada ao método `getSaldo()` e utilizando o atributo `saldoAtual` diretamente, como abaixo:

```
public float getCreditoUtilizado () {
    return (saldoAtual>limite?0:limite-saldoAtual);
                    // retorna 0 ou o valor utilizado
}
```

Note que, nesse caso, poderíamos dispensar a exigência de um parâmetro para a senha.
Se compilarmos a definição da classe `ContaEsp` com essas alterações iremos obter a seguinte mensagem de erro:

```
Undefined variable: saldoAtual
```

Isso ocorre porque esses atributos estão definidos na classe `ContaCor` como `private`. Como já explicado anteriormente, atributos e métodos com essa visibilidade só podem ser referenciados na classe onde são definidos. Sendo assim, eles não são visíveis na classe `ContaEsp`, mesmo `ContaEsp` sendo uma subclasse de `ContaCor`. Essa aparente contradição é explicada pela forma como Java implementa os mecanismos de herança e encapsulamento: a relação de herança é subordinada ao encapsulamento das classes.

Os objetos da subclasse herdam, de fato, todos as definições de atributos e métodos da superclasse. Por exemplo, qualquer objeto da classe `ContaEsp` terá como parte dos seus atributos uma `senha` e um `saldoAtual`. Uma relação de herança, porém, não é suficiente para dar a qualquer uma das classes descendentes envolvidas privilégios que, por si só, quebrem o encapsulamento de dados de uma classe ancestral.

5.5.1 Visibilidade protegida

Há situações, porém, em que queremos oferecer às subclasses algum privilégio de visibilidade, que não deva ser estendido a todas as classes indiscriminadamente. Para isso, utilizamos visibilidade dita protegida (`protected`). Por exemplo, o método público `getSaldo()`, da classe `ContaCor`, exige uma senha para que se possa obter o saldo atual da conta. Poderíamos querer oferecer às subclasses de

98 • Programação Orientada a Objetos Usando Java™

ContaCor um acesso mais fácil ao saldo da conta, que não exija aquela senha. Obviamente não haveria sentido que tal acesso fosse público, o que seria equivalente a eliminarmos a senha do método getSaldo().

Uma primeira hipótese seria alterarmos a visibilidade do atributo saldoAtual na classe ContaCor para protegida. Isso, porém, violaria nossa recomendação nº 1 (ver Seção 2.8.2.1).

Uma segunda hipótese seria definirmos na classe ContaCor um novo método, com visibilidade protected, que permita obter o valor do saldo, conforme abaixo:

```
protected float getSaldoAtual() // obtem saldo atual da conta
   { return saldoAtual; }
```

Com isso, a alteração sugerida para o método getCreditoUtilizado(), no início da seção 5.5, poderia ser implementada como:

```
public float getCreditoUtilizado () {
   return
     (getSaldoAtual()>limite?0:limite-getSaldoAtual());
               // retorna o valor utilizado (ou 0)
}
```

Com essas alterações, nas duas classes, a classe ContaEsp pode ser compilada com sucesso. Dessa maneira, o atributo saldoAtual permanece guardado contra alterações indevidas por alguma subclasse de ContaCor, já que o método getSaldoAtual() não permite alterá-lo. Em UML, um atributo ou método protegido é precedido pelo símbolo '#'.

5.5.2 O modificador "protected" de Java

Em Java, a visibilidade protegida é mais ampla do que acima descrito, pois o modificador protected de Java a estende também às classes pertencentes a um mesmo pacote , ainda que não sejam subclasses daquela em que o campo ou método é definido. Sendo assim, o código apresentado no exemplo acima não é suficiente para garantir que o saldo da conta permaneça oculto para objetos de outras classes que não sejam subclasses de ContaCor. Para isso, seria necessário também que a classe

ContaCor estivesse contida num pacote em que todas as demais classes fossem suas subclasses. Essa característica de Java limita consideravelmente o uso da visibilidade protegida em Java, em comparação com a semântica da visibilidade protegida de C++.

Recomendação N° 4
Não considere a visibilidade protegida como garantia suficiente de que um método ou atributo não tem visibilidade pública.

Voltaremos a esse assunto no Capítulo 12, quando tratarmos de pacotes.

5.6 Emprego Correto de Herança

5.6.1 Herança de comportamento

No estudo de caso das contas especiais, o mecanismo de herança foi utilizado para implementar uma **hierarquia de tipos**, composta de tipos e subtipos. As contas especiais são tratadas como um subtipo das contas comuns, de acordo com a seguinte definição:

> **Subtipo** Um tipo S é um subtipo de T, se e somente se, S proporciona pelo menos o comportamento de T.

Como vimos, uma conta especial herda todo o comportamento de uma conta comum e o estende para controlar um limite de crédito adicional ao saldo da conta. Isso significa que podemos tratar uma conta especial como se fosse uma conta comum: todas as operações válidas para uma conta comum são também válidas para uma conta especial. Note que o inverso não é verdadeiro: não é possível, por exemplo, alterar o limite de uma conta comum, já que esse tipo de conta não apresenta um limite.

O uso de herança dessa forma é denominado **herança de comportamento** e só ocorre quando há um relacionamento verdadeiro de generalização/especialização entre as duas classes, como no exemplo apresentado. Essa condição é considerada essencial para que o mecanismo de herança seja aplicável corretamente.

100 • Programação Orientada a Objetos Usando Java™

5.6.2 Herança de implementação

Outro emprego do mecanismo de herança, que deve ser evitado, é a chamada **herança de implementação**. Nesse caso uma classe herda o comportamento de outra classe, mas apenas uma parte desse comportamento é válida para a subclasse. Esse tipo de herança visa reutilizar apenas a implementação da superclasse.

Recomendação N° 5
Não utilize herança apenas como um mecanismo de reutilização de código (herança de implementação).

Para ilustrar herança de implementação, vamos supor que o Banco possua também um plano de capitalização com contas que só podem receber créditos (depósitos ou rendimentos) e cujo saldo só pode ser resgatado após um prazo determinado, com o encerramento da conta. A Figura 5.6 apresenta uma classe para representar tais contas.

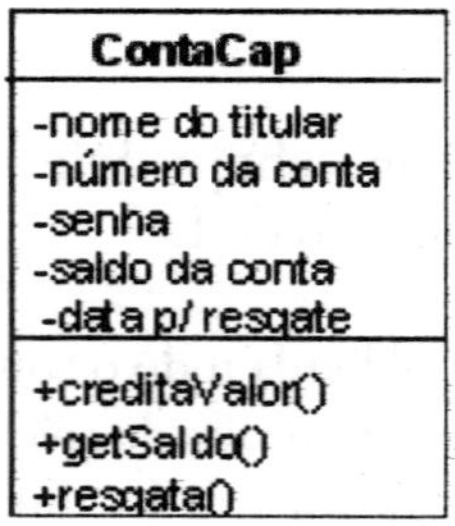

Figura 5.6: Projeto da Classe ContaCap.

Poderíamos reutilizar a implementação das contas correntes para as contas de capitalização, definindo-a como uma subclasse de `ContaCor` que aproveite parte de sua estrutura de dados e operações, como na Figura 5.7.

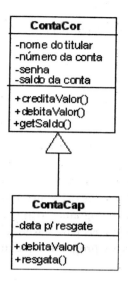

Figura 5.7: Classe ContaCap.

Embora isso possa reduzir a tarefa de implementação, as contas de capitalização seriam vistas também como contas correntes, podendo vir, por algum descuido, a participar de operações exclusivas de contas correntes, como o lançamento de débitos, produzindo resultados imprevisíveis. Para assegurar que as contas de capitalização não aceitarão débitos de valores, a subclasse ContaCap precisa redefinir a operação debitaValor() definida na classe ContaCor, sinalizando essa condição de erro já em tempo de execução.

Um outro aspecto, ainda mais importante, é a evolução das classes relacionadas por herança, já que uma mudança no comportamento de uma superclasse se propaga às suas subclasses. Quando a herança reflete uma relação verdadeira de generalização/especialização, essas mudanças "em cascata" são, em geral, desejáveis e necessárias para manter a integridade do modelo de objetos subjacente à aplicação. Quando há apenas uma herança de implementação, onde o relacionamento entre as classes é acidental, uma mudança de conceitos da superclasse pode corromper definitivamente a subclasse.

Suponha que se deseja adicionar uma nova operação às contas correntes, por exemplo, transferência de fundos de uma conta para outra. A inclusão dessa operação na classe ContaCor irá se propagar para suas subclasses o que, no caso da classe ContaEsp, seria benéfico e simplificaria a manutenção do sistema. Por outro lado, a sua propagação também para as contas de capitalização alteraria o comportamento dessas contas de maneira indesejável, tornando a manutenção do sistema mais complexa e suscetível a erros.

5.7 Herança Múltipla

Os criadores da linguagem Java optaram por excluir o mecanismo de herança múltipla de classes, embora seja um mecanismo comum em outras linguagens, como C++. A justificativa para essa exclusão é a possibilidade de ocorrerem diversos conflitos ao utilizarmos esse tipo de mecanismo. Por exemplo: como combinar operações semelhantes herdadas das superclasses contaEsp e ContaCap (ver Figura 5.8). As linguagens de programação que admitem herança múltipla de classes adotam diferentes estratégias para resolução desses conflitos, o que diminui a clareza e a portabilidade de programas que utilizam esses mecanismos.

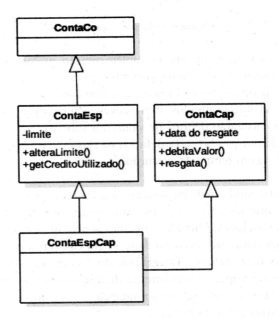

Figura 5.8: Exemplo de Herança Múltipla

A Linguagem Java, por outro lado, admite a herança múltipla de interfaces, que será tratada com detalhes no capítulo 9. Em geral, esse mecanismo substitui com vantagens a herança múltipla de classes.

5.8 Exercícios de Fixação

1. Defina uma classe CartaRegistrada, subclasse de Carta2. Essa classe deve ter dois atributos: a data e local de envio. Defina também uma classe Encomenda, subclasse de CartaRegistrada, com um único atributo correspondente ao conteúdo da encomenda (pode ser um String).

```java
// Documento2.java
public class Documento2 {
    private String autor;
    private int dataDeChegada;
    public void criarDocumento(String nome, int num) {
        autor = nome;
        dataDeChegada = num;
    }
    public void imprimir( ) {
        System.out.println( "Imprime o conteúdo de um Documento");
    }
    public void editar ( ){
        System.out.println("Edita o contéudo de um Documento");
    }
}
// Carta2.java
public class Carta2 extends Documento2 {

    private String transporte;

    public void anexar() {
        System.out.println( "Anexa à Carta.");
    }
}
```

2. Crie a classe ExCartaEncomenda.java com um método main() que cria objetos dos tipos CartaRegistrada e Encomenda e chama a operação imprimir( ) de cada um desses objetos. Compile esse programa e execute-o.

3. Digite o código nos arquivos Conta.Java, ContaDePoup.Java e ExemploConta.Java. Compile as três classes e execute a última. O que acontece? Você sabe explicar o por quê?

104 • Programação Orientada a Objetos Usando Java™

```java
// Conta.java
class Conta {
    public double saldo;
    public Conta (double sal) {saldo = sal;}
    public void credita(double valor) {saldo+= valor;}
    public double getSaldo ( ) {return saldo;}
}
// ContaDePoup.java
class ContaDePoup extends Conta {
    private double indice; // indice de rendimento
    public ContaDePoup(double sal) { super(sal); }
    public double calcula( ){  // calcula e deposita o rendimento
        double i = indice*saldo;
        saldo=saldo+i;
        return i;
    }
    public void retira(double v) { saldo = saldo - v; }
} // fim da classe ContaDePoup
// ExemploConta.java
public class ExemploConta {

    public static void main(String args[]) {

        Conta c1 = new Conta(100);
        double a=c1.saldo;
        c1.calcula( );

        ContaDePoup c2 = new ContaDePoup(100);
        double b = c2.saldo;
        double i = c2.indice;
        c2.calcula( );
        c2.credita(10);
    }
}
```

4. Modifique a visibilidade do atributo saldo da classe Conta para private. Recompile o arquivo Conta.java. Por que a compilação não funciona?

5. Modifique o código, de modo a retirar os erros existentes, mantendo a visibilidade do atributo como private.

6. Modifique seu programa de tal forma que Conta e ContaDePoup estejam em pacotes distintos – veja o item 12.3 do artigo disponível em http://www.vogella.com/articles/Eclipse/article.html

5 Herança • **105**

7. Modifique a visibilidade de saldo para protegida e altere as implementações da classe ContaDePoup para acessálo diretamente. O código funciona ou não?

8. Modifique novamente a visibilidade de saldo para privada e crie 2 operações protegidas (getSaldo() e setSaldo()) que serão usadas pela subclasse. Explique as vantagens dessa solução.

9. Implemente um programa Java que cria a classe Pessoa com atributos como nome, sexo, rg, cpf, nome do pai, nome da mãe, etc. Crie a subclasse EstudanteUniversitario a partir da classe Pessoa com atributos como, por exemplo, RA, nome do curso, créditos concluídos, etc. Implemente a classe Graduando que herda de EstudanteUniversitario, com operações para calcular o CR (Coeficiente de Rendimento) e o CP (Coeficiente de Progressão). Crie um programa principal que instancia você na classe Graduando.

10. Implemente um programa Java que represente corpos celestes (estrelas, planetas, luas, etc). Inclua nas classes atributos como nome, massa, diâmetro, etc. Considere, por exemplo, 2 tipos de planetas: Planetas Grandes Gasosos e Planetas Terrestres. Implemente operações significativas para todas as suas classes e use a visibilidade protegida para os atributos como massa e diâmetro serem acessados diretamente pelas subclasses. Crie um programa principal que instancia o sistema solar.

11. Implemente uma classe Java chamada SistemaPlanetario que encapsula sistemas planetários – objetos não estelares (planetas e satélites naturais) que orbitam uma estrela. Crie variáveis e métodos que achar pertinente. Crie uma classe chamada MainSistemaSolar e instancie um objeto que corresponde ao Sistema Solar no método main desta classe.

12. Considere a classe Object que contém, dentre outros, o método toString() na sua interface pública. Faça a classe SistemaPlanetario da sua solução herdar a classe Object. É possível "chamar" o método toString() para instâncias dessas classes? Por quê? (Inclua o "output" como parte da resposta)

6 Polimorfismo e Acoplamento Dinâmico

Neste capítulo são apresentados os conceitos de polimorfismo, linguagens monomórficas e polimórficas, a classificação de polimorfismo de Cardelli e Wegner e acoplamento dinâmico. É descrita também a forma de encaminhamento de mensagem de Java.

Ao final deste capítulo, o estudante deverá ser capaz de distinguir as várias modalidades de polimorfismo e empregá-las corretamente em Java.

6.1 Conceito de Polimorfismo

O dicionário Aurélio nos oferece as seguintes definições:

Polimorfo: que se apresenta sob numerosas formas; multiforme; sujeito a variar de forma.

Polimorfismo: em botânica, polimorfismo foliar significa que um vegetal apresenta folhas de vários tipos morfológicos.

O conceito original de polimorfismo em programação é atribuído a Strachey [Stratchey67], quando diz:

Polimorfismo universal ou **polimorfismo verdadeiro** (*true polymorphism*) "Temos polimorfismo universal quando uma função trabalha uniformemente para uma gama de tipos; tipos esses normalmente com uma estrutura uniforme."

Polimorfismo ad hoc (*ad bhoc polymorphism*) ou **polimorfismo aparente** (*apparent polymorphism*) "Temos polimorfismo ad-hoc quando uma função trabalha, ou parece trabalhar, para vários tipos diferentes (que podem não ter estruturas semelhantes) e pode se comportar de formas diferentes para cada tipo."

Um exemplo clássico de polimorfismo é o de uma função `sort()`, capaz de ordenar uma lista de itens de um tipo qualquer, sejam números inteiros, números reais ou cadeias de caracteres, por exemplo.

O código seguinte mostra como essa função poderia ser utilizada:

108 • Programação Orientada a Objetos Usando Java™

```
int i[100];
float x[200];
char* s[50];
sort(i,100);    // classifica vetor com 100 inteiros
sort(x,200);    // classifica vetor com 200 reais
sort(s,50);     // classifica vetor com 50 strings
```

Uma função C ou Pascal, por exemplo, exige que os tipos dos parâmetros sejam especificados na definição da função, não sendo possível definir uma função verdadeiramente polimórfica como acima, onde o tipo de um parâmetro permaneça indefinido até o momento da compilação do programa.

A função `qsort()` de C implementa algo parecido com a função acima descrita, produzindo um polimorfismo apenas aparente. Um dos parâmetros de `qsort()` é uma função de comparação que depende do tipo de dado contido na lista, a ser executada através de um mecanismo de *call-back*. Existirão, portanto, diferentes implementações para aquela parte da função `qsort()` que é dependente do tipo de dado contido na lista.

6.2 Polimorfismo e Orientação a Objetos

Podemos sintetizar o conceito de polimorfismo, estendendo-o para a terminologia de orientação a objetos, como:

> **Polimorfismo** (*polymorphism*) É o efeito produzido por uma função (ou método) capaz de operar para uma variedade de tipos de dados (ou classes de objetos).

Nas linguagens orientadas a objetos o efeito de polimorfismo está intimamente associado aos conceitos de tipo abstrato de dados e de herança.

Nessas linguagens uma variável definida como uma referência para um objeto de uma classe C_1 pode, durante a execução do programa, referenciar tanto objetos dessa classe como de qualquer classe C_2 descendente de C_1.

Essa propriedade as caracteriza como linguagens polimórficas [Cardelli85] em contraste com as linguagens ditas monomórficas, como C ou Pascal.

Linguagem Monomórfica (*monomorphic language*) Cada valor ou variável só pode ser interpretado como sendo de um único tipo.

Linguagem Polimórfica (*polymorphic language*) Alguns valores ou variáveis podem ser interpretados como sendo de mais de um tipo.

Como C_2 herda todas as operações de C_1, os métodos de C_1, assim como todo método que tenha como parâmetro um objeto da classe C_1, irão funcionar uniformemente para objetos tanto de C_1 como de C_2. Serão, portanto, naturalmente polimórficos.

Para ilustrar essa característica, vamos recorrer a um pequeno exemplo, utilizando as classes `ContaCor` e `ContaEsp` do estudo de caso apresentado na seção 5.6. A relação de herança entre essas duas classes é apresentada na Figura 6.1 repetida a seguir:

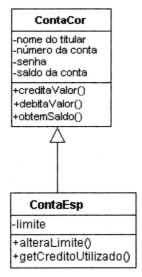

Figura 6.1: Hierarquia de Classes ContaCor/ContaEsp.

Vamos imaginar uma situação em que precisamos efetuar uma mesma operação para um conjunto de contas correntes, que tanto podem ser contas comuns como especiais. No exemplo a seguir, uma taxa de manutenção no valor de R$5,00 é debitada e o saldo de cada conta de um conjunto é impresso.

110 • Programação Orientada a Objetos Usando Java™

```
class Cap6a {
    static public void main (String Arg[]) {
        ContaCor cc[]=new ContaCor[6];
        cc[1]=new ContaCor("Christiane",100,1,1);
        cc[2]=new ContaEsp("Luciana",200,2,1);
        cc[3]=new ContaEsp("Roberto",300,3,1);
        cc[4]=new ContaCor("Mauricio",400,4,1);
        cc[5]=new ContaEsp("Antonio",500,5,1);
        for(int i=1;i<6;i++) {
          cc[i].debitaValor("Manutencao",5,1);
          System.out.println
             ("Conta:"+i+" Saldo="+cc[i].getSaldo(1));
        }
    }
}
```

Note que o vetor `cc[]` armazena ambos tipos de contas: as contas `cc[1]` e `cc[4]` são comuns - criadas com `new ContaCor()` - enquanto que as contas `cc[2]`, `cc[3]` e `cc[5]` são especiais - criadas com `new ContaEsp()`. A analogia com "um vegetal que apresenta folhas de vários tipos" é imediata.

Se compilarmos e executarmos o programa acima obteremos os seguintes resultados:

```
Conta:1 Saldo=95.0
Conta:2 Saldo=195.0
Conta:3 Saldo=295.0
Conta:4 Saldo=395.0
Conta:5 Saldo=495.0
```

Observe que a operação `cc[i].debitaValor()` funciona uniformemente para todas as contas, como se fossem de um mesmo tipo.

6.3 Classificação de Cardelli e Wegner

Cardelli e Wegner [Cardelli85] estendem aquela classificação inicial de polimorfismo de Strachey, para abranger as modalidades de polimorfismo típicas das linguagens orientadas a objetos, da seguinte forma:

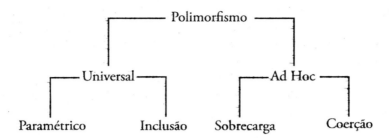

No polimorfismo universal, um mesmo método (ou função) pode ser executado para um conjunto possivelmente ilimitado de tipos de dados diferentes. Já no polimorfismo "ad hoc", um mesmo método só pode ser executado para um conjunto limitado de tipos de dados, definidos estáticamente.

6.3.1 Sobrecarga de Métodos e Operadores

6.3.1.1 Sobrecarga de Métodos e Construtores

Ocorre quando existem dois ou mais métodos de mesmo nome, que realizam operações similares, para objetos de diferentes tipos.

Um exemplo de sobrecarga em Java é o método `intValue()`, que converte o valor armazenado num objeto para um valor do tipo `int`. Esse método é implementado nas classes `Byte`, `Double`, `Float`, `Integer`, `Long`, `Number` e `Short`, o que faz com que a expressão `x.intValue()` funcione uniformemente para qualquer objeto x de uma dessas classes.

Outro exemplo de sobrecarga de métodos frequente em Java é quando temos vários métodos construtores para uma classe, com diferentes assinaturas. Na classe `String`, por exemplo, dentre cerca de dez diferentes construtores, temos:

```
public String(String value);
public String(char value[]);
public String(byte bytes[]);
```

Desta forma, o comando `new String(x)` funciona uniformemente para qualquer objeto x de uma das classes `String`, `char[]` ou `byte[]`.

Observe que há um único método `intValue()` ou um único construtor `String()`, verdadeiramente polimórficos. Para cada forma de chamada possível há uma implementação específica do método. É a uniformidade de chamada desses métodos, por possuírem assinaturas parecidas (ou idênticas), que produz o efeito de polimorfismo. Não há, no entanto, nenhuma garantia, além de uma convenção arbitrária, de que essas diferentes implementações realizam operações semanticamente equivalentes.

6.3.1.2 Sobrecarga de Operadores

Ocorre quando um operador da linguagem pode ter diferentes significados, dependendo do tipo do operando ao qual é aplicado. Por exemplo: na expressão `a+=b` o operador `+=` significa, normalmente, "adicione o valor de `b` ao atributo `a`". Através de uma sobrecarga esse operador poderia adquirir novos significados, como "inclua o elemento `b` no conjunto `a`", ou qualquer outro desejado, dependendo da implementação dos tipos `a` e `b`.

Algumas linguagens orientadas a objetos, como C++, permitem esse tipo de sobrecarga. Como esse recurso pode obscurecer o código do programa, dificultando sua manutenção, não foi incluído na linguagem Java.

6.3.2 Coerção

Java, assim como outras linguagens de programação, define uma hierarquia entre seus tipos de dados nativos, como números inteiros são um subtipo de números reais. Se um particular contexto demanda um determinado tipo de dado e é fornecido um valor de outro tipo, porém da mesma hierarquia, o compilador faz uma conversão automática para o tipo exigido, portanto, que o tipo exigido seja supertipo do tipo do valor fornecido. É o caso, por exemplo, de uma chamada ao método `debitaValor` em que fornecemos o valor a debitar através de uma variável de tipo `int`, em lugar de uma variável de tipo `float`, como definido na assinatura do método. O valor inteiro é automaticamente "promovido" a um dado do tipo `float`, antes da chamada do método.

Em Java são executadas implicitamente as seguintes conversões sobre valores de tipos primitivos fornecidos como argumentos para chamadas de métodos:

6 Polimorfismo e Acoplamento Dinâmico • 113

```
byte to short, int, long, float, or double
short to int, long, float, or double
char to int, long, float, or double
int to long, float, or double
long to float or double
float to double
```

Todas essas conversões são promoções de tipo (*widening conversions*) – o dado inicial é de um tipo cujo domínio está contido no domínio do tipo resultante. Não pode haver, portanto, truncamento no resultado. A conversão entre tipos inteiros (short, int ou long) e reais (float ou double) pode, no entanto, resultar em perda de precisão.

O programa seguinte permite observarmos algumas dessas conversões automáticas.

```java
class Cap6c {
    static public void main (String Arg[]) {
    MinhaClasse o=new MinhaClasse();
    short s1=1, s2=2;
    int i1=3, i2=4;
    long l1=5, l2=6;
    o.metodo(s1,s2); // não há conversão -> 1o. método
    o.metodo(s1,i2); // s1 para int -> 2o. método
    o.metodo(s1,l2); // s1 para long -> 3o. método
    o.metodo(i1,i2); // não há conversão -> 2o. método
    o.metodo(i1,l2); // i1 para long -> 3o. método
    o.metodo(l1,s2); // s2 para long -> 3o. método
    o.metodo(l1,l2); // não há conversão -> 3o. método
    }
}
class MinhaClasse {
    void metodo (short i, short j) {
        System.out.println("metodo1 - i="+i+" j="+j);
    }
    void metodo (int i, int j) {
        System.out.println("metodo2 - i="+i+" j="+j);
    }
    void metodo (long i, long j) {
        System.out.println("metodo3 - i="+i+" j="+j);
    }
}
```

Note que o exemplo acima ilustra também a sobrecarga de métodos, com três métodos de mesmo nome, porém com diferentes assinaturas e implementações.

114 • Programação Orientada a Objetos Usando Java™

Os resultados obtidos na execução desse programa são:

```
metodo1 - i=1 j=2
metodo2 - i=1 j=4
metodo3 - i=1 j=6
metodo2 - i=3 j=4
metodo3 - i=3 j=6
metodo3 - i=5 j=2
metodo3 - i=5 j=6
```

Conversões no sentido inverso ou rebaixamento de tipo (*narrowing conversions*), onde pode ocorrer truncamento do resultado, só são executadas quando especificadas explicitamente pelo programador, como na linha abaixo:

```
o.metodo((int)l1,(int)l2); // conversão explícita
                        -> 2o. método
```

Essa modalidade de polimorfismo reduz a legibilidade do programa, propiciando a ocorrência de erros de programação. Deve-se, portanto, evitar a definição de métodos com assinaturas parecidas, como no exemplo acima, e, quando necessário, explicitar as conversões de tipo adequadas em cada caso.

6.3.3 Polimorfismo Paramétrico

Nessa modalidade de polimorfismo universal, o tipo de dado a ser tratado é um dos parâmetros do método ou função. Algumas linguagens, como C++, permitem definir templates de funções, usando tipos de dados como parâmetros, como no exemplo seguinte:

```
template <class T>
void troca(T& a, T& b) {
T temp = a;
a = b;
b = temp;
}
```

A função troca() é definida como tendo dois parâmetros (a e b), que devem ser de um mesmo tipo T. A variável auxiliar temp é definida como sendo do tipo T. Observe que, além de funcionar uniformemente para qualquer tipo de parâmetro, o faz sempre conforme uma única implementação.

6 Polimorfismo e Acoplamento Dinâmico • **115**

Java não oferece um mecanismo generalizado para definição de métodos paramétricos. Um exemplo desse tipo de polimorfismo em Java, porém, é a definição de vetores e matrizes (arrays). O tipo array é um tipo pré-definido de Java, assim como os tipos int e char. Um objeto de tipo array possui um conjunto de operações características, tais como:

x.length - obtém o número m de elementos armazenados em x;

x[int i] - obtém o endereço do i-ésimo elemento armazenado em x.

A implementação dessas operações, porém, depende do tipo de valor armazenado no array.

Considere as seguintes definições Java, onde são criados dois objetos de tipo array (cc e x), o primeiro para armazenar referências de objetos do tipo ContaCor e o segundo para armazenar caracteres:

```
ContaCor cc[];
     char x[];
```

Note que o tipo array é declarado através dos símbolos []. Os tipos ContaCor e char funcionam como parâmetros para a construção do array.

6.3.4 Polimorfismo de Inclusão

O polimorfismo de inclusão está relacionado ao conceito de subtipo, tal como ilustrado pelo exemplo da Seção 6.2. Ele permite que tratemos objetos de diferentes tipos de uma maneira uniforme, desde que haja um supertipo comum a todos que defina as operações que serão usadas a partir de instâncias dos subtipos. A definição de hierarquias de tipos favorece a utilização dessa modalidade de polimorfismo, pois os métodos herdados pelas subclasses tornam-se, automaticamente, polimórficos.

No exemplo da Seção 6.2, a mesma implementação do método getSaldo(), tal como definida na classe ContaCor, é capaz de operar sobre contas dos tipos ContaCor e ContaEsp, indistintamente. Os métodos da classe Object, que é a raiz de todas as hierarquias de classes Java, são também exemplos dessa modalidade de polimorfismo, pois são capazes de operar uniformemente sobre objetos de qualquer tipo.

116 • Programação Orientada a Objetos Usando Java™

6.3.4.1 Redefinição de Métodos

É um caso especial de polimorfismo de inclusão que ocorre quando uma subclasse define uma forma de implementação especializada, para um método herdado da superclasse.

Para ilustrar esse tipo de polimorfismo, vamos retornar ao estudo de caso das contas especiais, da Seção 6.4. Na especificação das contas especiais, quando é dito que «em todos os demais aspectos, uma conta especial é tratada como uma conta corrente comum» deveria haver a seguinte ressalva: o item (viii) da Seção 5.4, só se aplica às contas especiais cujo limite de crédito seja zero:

> *"(viii) se, na movimentação da conta, o saldo se igualar a zero a conta é automaticamente encerrada, não podendo mais receber lançamentos nem ser reaberta."*

Como a regra original, que determina o encerramento da conta com saldo zero, está implementada no método `debitaValor()` da classe `ContaCor`, é preciso redefinir esse método para o caso das contas especiais. O seguinte trecho de código, responsável pela redefinição de `debitaValor()`, deve ser incluído na definição da classe `ContaEsp`:

```
public boolean debitaValor
            (String hist, float val, int pwd) {
  boolean r;
  if (limite==0) // se limite = 0 trata como conta comum
    return super.debitaValor(hist, val, pwd);
  else {              // se limite > 0:
    salvaEstado();      // salva o estado da conta
    r=super.debitaValor(hist, val, pwd); // efetua débito
    restauraEstado(); // restaura o estado da conta
    return r;
  }
}
```

Como é preciso salvar e restaurar o atributo `estado`, definido na superclasse, são usados dois novos métodos: `salvaEstado()` e `restauraEstado()`, que devem ser definidos na classe `ContaCor`, conforme abaixo:

```
private int estadoAnt; // novo atributo auxiliar
protected void salvaEstado() { estadoAnt=estado; }
protected void restauraEstado() { estado=estadoAnt; }
```

Os métodos acima foram definidos com a visibilidade `protected`. Desse modo, apenas subclasses de `ContaCor` podem acessá-los de fora do pacote no qual a classe foi definida.

6.3.4.2 Redefinição versus Sobrecarga de Métodos

Para que ocorra uma redefinição de método, é necessário que o novo método possua assinatura idêntica a de um método herdado pela classe que será redefinido. O método da subclasse e o método herdado devem coincidir quanto ao tipo de resultado, ao nome e à lista de parâmetros (mesmo número de parâmetros, de mesmos tipos e na mesma ordem). Não havendo essa coincidência de assinaturas entre um método herdado e um método definido na subclasse, mas apenas uma coincidência entre nomes de métodos, o que ocorre é apenas uma sobrecarga de métodos, como definido na Seção 6.3.1. É importante ressaltar que, neste último caso, os tipos de resultado dos métodos podem ser diferentes apenas se houverem diferenças também nas listas de parâmetros.

6.3.5 Acoplamento Dinâmico e Redefinição de Métodos

A implementação de operações polimórficas implica em situações onde a determinação de qual método deve ser executado para uma determinada chamada só pode ser feita no momento da chamada.

Seja, por exemplo, uma chamada ao método `debitaValor()`, definido na classe `ContaCor` e redefinido na classe `ContaEsp`. Na sequência abaixo, o método a ser chamado por `c1.debitaValor()` só pode ser decidido no exato momento em que o comando for executado, já que `c1` pode estar referenciando tanto um objeto da classe `ContaCor` quanto da classe `ContaEsp`:

```
ContaCor c1; // c1 pode referenciar objetos de ContaCor
// ou de suas subclasses, como ContaEsp
...
c1=new ContaCor(...); // c1 -> objeto de ContaCor
c2=new ContaEsp(...); // c2 -> objeto de ContaEsp
...
if (...) c1=c2;        // se ... c1 -> objeto de ContaEsp
c1.debitaValor(...)    // c1 -> ? ContaCor ou ContaEsp ?
```

118 • Programação Orientada a Objetos Usando Java™

A esse tipo de ligação entre subprogramas chamamos de **acoplamento dinâmico** ou **tardio** (*dynamic binding* ou *late binding*).

Em linguagens monomórficas, como Pascal ou C, o acoplamento é sempre estático (*static binding* ou *early binding*), ou seja, todas as ligações entre os subprogramas são estabelecidas antes da execução do programa, normalmente durante a compilação ou ligação (*linkage*), e permanecem inalteradas durante todo o tempo de execução do programa.

A forma de resolução de uma chamada com acoplamento dinâmico depende da linguagem de programação utilizada, podendo haver tanto diferenças semânticas, quanto ao método (ou métodos) a ser chamado, como diferenças de desempenho, por exemplo. É o mecanismo de encaminhamento de mensagens da linguagem que determina essa forma.

6.4 Encaminhamento das Mensagens em Java

Em Java, assim como em C++ e outras linguagens mais populares, o encaminhamento das mensagens é feito no sentido "de baixo para cima", ou seja, da classe do objeto que recebe a mensagem para sua superclasse e assim sucessivamente.

Caso a classe de um objeto defina (ou redefina) um método capaz de tratar uma mensagem, a mensagem é entregue imediatamente. Caso contrário, a mensagem é entregue à classe ancestral mais próxima que defina (ou redefina) um método capaz de processar a mensagem.

A figura 6.2 ilustra a situação da memória do programa após a instanciação de um objeto da classe ContaEsp e a recepção de uma mensagem pelo objeto. A área hachurada ao pé do diagrama destaca a parte da representação do objeto que estende a representação de um objeto da superclasse. Os métodos da superclasse simplesmente ignoram essa extensão.

Quando o objeto recebe uma mensagem (1) inicia-se a busca por um método que possa trata-la na definição da classe ContaEsp (2), que é a classe do objeto. Caso seja encontrado um método com assinatura compatível com a mensagem, esse método é executado. Caso contrário, a busca prossegue, agora na definição da classe ContaCor (3), que é a classe ancestral mais próxima, e assim sucessivamente até que seja encontrado um método apropriado para tratar a mensagem.

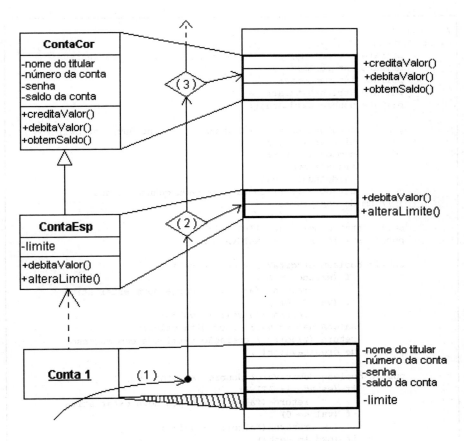

Figura 6.2: Instanciação de Objeto da Subclasse.

6.5 Exercícios de Fixação

1. Digite as classes ContaCor e ExemploCoercao e compileos. O compilador acusa alguns erros. Mude o tipo de todas as variáveis da operação main( ) da classe ExemploCoercao, de modo que o método seja executado com a sequência int, byte, byte e recompile. O que aconteceu? Modifique os tipos das variáveis para float. Aconteceu o esperado? Por quê?

120 • Programação Orientada a Objetos Usando Java™

```java
// ContaCor.java
class ContaCor {
        private int estado; // 1 = conta ativa ; 2 = conta inativa
        private int senha;
        private int numConta;
        private String titular;
        private double saldoAtual;

        public ContaCor(String nome, double val, int num, int pwd) {
                titular = nome;
                numConta = num;
                senha = pwd;
                saldoAtual = val;
                estado = 1; // conta é ativada quando criada
        } // fim do construtor

        public static final int ATIVA = 1;
        public static final int INATIVA = 2;

        public boolean creditaValor(double val) {
                if (estado != ATIVA)
                        return (false); // conta deve estar ativa
                if (val <= 0)
                        return (false); // val>0;
                saldoAtual += val; // credita valor;
                return (true); // operação terminada com sucesso
        } // fim de creditaValor( )

        public boolean debitaValor(double val, int pwd) {
                if (estado != ATIVA)
                        return (false); // conta deve estar ativa
                if (val <= 0)
                        return (false); // val>0;
                if (pwd != senha)
                        return (false); // senha deve ser valida
                if (val > saldoAtual)
                        return (false); // val<= saldoAtual

                saldoAtual -= val; // debita valor
                if (saldoAtual == 0)
                        estado = INATIVA; // se saldo=0, torna conta ina-
tiva
                return (true);
} // fim de debitaValor( )

        public double getSaldo(int pwd) {
                if (estado != ATIVA)
                        return (-1); // conta deve estar ativa
                if (pwd != senha)
                                return (-1); // senha deve ser valida
                return (saldoAtual);
```

6 Polimorfismo e Acoplamento Dinâmico • 121

```
} // fim de getSaldo( )

        protected void setEstado(int argEstado) {
                this.estado = argEstado;
        }

        protected int getEstado() {
                return this.estado;
        }
}

// ExemploCoercao.java
public class ExemploCoercao {

        public static void main(String args[]) {
                double saldoInicialChico = 100;
                float numeroChico = 30;
                long senhaChico = 99;

                float saldoInicialBelchior = 200;
                short numeroBelchior = 31;
                float senhaBelchior = 91;

                ContaCor cc1 = new ContaCor("Chico", saldoInicialChico,
numeroChico,
                                senhaChico); // Compilacao falha. esse
construtor espera
                                                                // 
(String, double, int, int). O compilardor
                                                                // nao
consegue achar um construtor que case
                                                                // com
(String, double, float, long).
                                                                // Simi-
larmente
                                                                // para o
caso abaixo.

                ContaCor cc2 = new ContaCor("Belchior", saldoInicialBel-
chior,
                                numeroBelchior, senhaBelchior);
        }
}
```

122 • Programação Orientada a Objetos Usando Java™

2. Defina um construtor adicional na classe ContaCor que recebe como argumentos apenas o nome do cliente, o número da conta e a senha; lembrando que o estado da conta deve ser ajustado para 1. Para evitar repetição de código, é possível usar this( ) do mesmo modo que se usa super( ). A diferença é que, ao invés de chamar o construtor de uma superclasse, this( ) chama um outro construtor na própria classe. Modifique o construtor de ContaCor que recebe como argumentos o nome do cliente, o saldo inicial, o número da conta e a senha para que use o construtor que você acabou de definir. Implemente na classe ContaCor operações para obter os valores titular, numConta e senha..

3. Crie a classe ExemploDoisConstrutoresque contenha um método main(). Esse método instancia dois objetos do tipo ContaCor passando os mesmos valores para titular, numConta e senha. O primeiro objeto deve ser criado usando o construtor com quatro parâmetros, passando 0 (zero) como valor do saldoAtual. O segundo deve ser criado usando o construtor definido no Item (a). Inclua código no programa principal para imprimir as informações dos dois objetos criados. Compile e execute ExemploDoisConstrutores. Pelos resultados obtidos, que conclusões você pode tomar?

4. Abra os arquivos Documento.java, Carta.java, Telegrama.java e ExemploPolimorfismoSemRedefinicao.java. Tente compilá-los. Por que a compilação falha?

```java
// Documento.java
public class Documento {
        private String autor;
        private int dataDeChegada;

        public void criarDocumento(String nome, int num) {
                autor = nome;
                dataDeChegada = num;
        }

        public void imprimir() {
System.out.println("Imprime o conteúdo de um Documento");
        }

        public void editar() {
                System.out.println("Edita o contéudo de um Documento");
        }

        }
```

6 Polimorfismo e Acoplamento Dinâmico • 123

```java
// Documento.java
public class Documento {
        private String autor;
        private int dataDeChegada;

        public void criarDocumento(String nome, int num) {
                autor = nome;

                dataDeChegada = num;
        }

        public void imprimir() {
                System.out.println("Imprime o conteúdo de um Documento");
        }

        public void editar() {
                System.out.println("Edita o contéudo de um Documento");
        }
}
// Telegrama.java
public class Telegrama extends Documento {

        private String hora;

        public void registrar() {

                System.out.println("Registra o Telegrama.");
        }

        public void pagar() {
                System.out.println("Paga o Telegrama.");
        }
}
// ExemploPolimorfismoSemRedefinicao.java
public class ExemploPolimorfismoSemRedefinicao {

        public static void main(String args[]) {
                Documento d = new Documento();
                d.imprimir();
                d = new Carta(); // d pode tambem referenciar um objeto
do tipo Carta
                d.imprimir();
                d.anexar(); // erro.
d = new Telegrama(); // d pode tambem referenciar um objeto do tipo
                                                // Tele-
grama
d.imprimir();
                d.registrar(); // erro
                d.pagar(); // erro
        }
```

124 • Programação Orientada a Objetos Usando Java™

Usando o operador instanceof definido por Java e casting de objetos, modifique a classe ExemploPolimorfismoSemRedefinicao para que o compilador pare de acusar erros nela. O operador instanceof diz se um objeto é de um determinado tipo. Por exemplo:

```
ContaCor c = new ContaEsp();
if(cinstanceofContaEsp){ //true!Entranoif.
ContaEsp cEsp = (ContaEsp)c; // casting }
if(c instanceof ContaCor) { // também true. Entra no if. }
if(c instanceof String) { // falso! c não é do tipo String. }
```

Por que o problema foi resolvido?

5. Abra os arquivos `ContaCor.Java` e `ContaEsp.java` e digite `ExemploPoli-morfismoComRedefinicao.java`. Compileos. Por que a compilação não funcionou? Coloque em comentários as linhas que têm erro no arquivo `ExemploPolimorfismoComRedefinicao.Java` (preceda cada linha com o símbolo "//", como no trecho de código acima). Tente compilar o arquivo novamente. Execute a classe `ExemploPolimorfismoComRedefinicao` e observe o resultado produzido. Inclua nas operações `debitarValor( )` de `ContaCor` e `ContaEsp` uma linha que imprime o nome da classe na qual o método está definido. Compile os arquivos e execute novamente a classe `ExemploPolimorfismoComRedefinicao`. O que você pode dizer sobre o funcionamento do exemplo, com relação à execução da operação `debitaValor( )`? public class `ExemploPolimorfismoComRedefinicao {`

```
public static void main(String args[]) {
            ContaCor c1;
            c1 = new ContaCor("Joao da Silva", 500.00, 1234, 1314);
            c1.creditaValor(100.00);
            c1.debitaValor(150.00, 1314);
            System.out.println("Saldo atual: " + c1.getSaldo(1314));
            c1 = new ContaEsp("Jose Ferreira", 1000.00, 1011, 1314);
            System.out.println("Saldo atual: " + c1.getSaldo(1314));
            c1.creditaValor(100.00);
            c1.debitaValor(1200.00, 1314);
            System.out.println("Saldo atual: " + c1.getSaldo(1314));
            c1.alteraLimite(100.00);
            System.out.println("Credito usado: " + 1.getCreditoUsa-
do(1314));
            ContaEsp c2 = new ContaEsp("Maria de Souza", 1000.00,
1011, 1516);
```

6 Polimorfismo e Acoplamento Dinâmico • **125**

```
c2.creditaValor(100.00);
            c2.debitaValor(500.00, 1516);
            System.out.println("Saldo atual: " + c2.getSaldo(1516));
            c2.alteraLimite(200.00, 1516);
            System.out.println("Credito usado: " +
c2.getCreditoUsado(1516));
        }
}
```

6. Adicione o modificador final à operação debitaValor( ) da classe ContaCor. Tente compilar a classe ContaEsp. Por que não compila? Desfaça a modificação e adicione o modificador final à operação debitaValor( ) da classe ContaEsp. Tente compilar a classe ContaEsp .

7. Crie uma classe ContaEspPoup, que herda de ContaEsp e redefine o método debitaValor(). O que acontece? Por quê?

8. Abra os arquivos FilaVeiculo.java, Veiculo.java, Carro.java, Caminhao.java e Inicial.java. Compile e execute a classe Inicial. Leia o código da operação mostraFila( ) da classe FilaVeiculo e da operação mostra( ) nas classes Carro, Caminhao e Veiculo. Modifique o programa para imprimir o estado completo dos objetos do tipo Carro e Caminhao. Modifique a visibilidade da operação mostra() da classe Carro para private. Tente recompilála. Que conclusões você tira desse resultado?

```
// FilaVeiculo.java
public class FilaVeiculo {
        private Veiculo veiculos[];
        private boolean vazia = true;
        private int ultimaPosicao = 0;

        public FilaVeiculo() {
                veiculos = new Veiculo[50];
        }

        public boolean Vazia() {
                return vazia;
        }

        public void adicionaVeiculo(String tipo, int p1, int p2, int ano,
                        String mar, String mod, String pla) {
```

126 • Programação Orientada a Objetos Usando Java™

```java
if (ultimaPosicao <= 50) {
                        if (tipo.equalsIgnoreCase("Carro")) {
                                veiculos[ultimaPosicao] = new Carro(p1,
p2, ano, mar, mod, pla);
                        } else {
                                if (tipo.equals("Caminhao")) {
                                        veiculos[ultimaPosicao] = new
Caminhao(p1, p2, ano, mar,
                                                                mod, pla);
                                } else {
                                        System.out.println("A Fila contém
apenas Carro ou Caminhão\n");
                                }
                        }
                } else {
                        System.out.println("O veiculo não poderá ser adi-
cionado, pois a fila está cheia");
                }
                ultimaPosicao++;
                vazia = false;
        }

        public void mostraFila() {
                for (int i = 0; i < ultimaPosicao; i++) {
                        veiculos[i].mostra();
                }
        }

}
// Veiculo.java
public class Veiculo {
        private String marca;
        private String modelo;
        private String placa;
        private int anoModelo;

        public Veiculo(int ano, String mar, String mod, String pl) {
                marca = mar;
                modelo = mod;
                placa = pl;
                anoModelo = ano;
        }

        public void mostra() {
                System.out.println("Marca = " + marca);
                System.out.println("Modelo = " + modelo);
                System.out.println("Placa = " + placa);
                System.out.println("Ano Modelo = " + anoModelo);

        }
}
```

6 Polimorfismo e Acoplamento Dinâmico • 127

```java
// Carro.java
public class Carro extends Veiculo {
        private int lotacao;
        private int numPortas;

        public Carro(int lot, int num, int ano, String mar, String mod,
String pl) {
                super(ano, mar, mod, pl);
                lotacao = lot;
                numPortas = num;
        }

        public void mostra() {
                System.out.println("\nTipo-->Carro");
                System.out.println("Lotaçã o= " + lotacao);
                System.out.println("Numero de Portas =" + numPortas);
        }
}
// Caminhao.java
public class Caminhao extends Veiculo {
        private int capacidade;
        private int numDeEixos;

        public Caminhao(int cap, int num, int ano, String mar, String
mod, String pl) {
                super(ano, mar, mod, pl);
                capacidade = cap;
                numDeEixos = num;
        }

        public void mostra() {
                System.out.println("\nTipo--->Caminhao");
                System.out.println("Capacidade = " + capacidade);
                System.out.println("Numero de Eixos = " + numDeEixos);
        }
}
// Inicial.java
public class Inicial {

  public static void main(String[] args) {
        FilaVeiculo fila;
        fila= new FilaVeiculo();
        System.out.println("A Fila de Veiculos contem:");
        fila.adicionaVeiculo("Carro",5,2,1999,"VOLKSWAGEN","GOL","E
ST3245");
        fila.adicionaVeiculo("Caminhao",15000,3,1997,"VOLKSWAGEN","TITAN
","KED9871");
        fila.adicionaVeiculo("Carro",5,1,1998,"FIAT","PALIO","JKU2171");
        fila.adicionaVeiculo("Carro",5,5,2001,"FORD","FIESTA","JNM2464");
        fila.adicionaVeiculo("Caminhao",10000,2,2000,"FORD","CARGO","K
MG4171");
```

128 • Programação Orientada a Objetos Usando Java™

```
ila.adicionaVeiculo("Carro",4,2,2001,"CHEVROLET","CELTA","JGH5432");
        fila.adicionaVeiculo("Caminhao",8000,4,1996,"FORD","SCANIA","D
EY6429");
                if (!fila.Vazia()) {
                        fila.mostraFila();
                } else {
                        System.out.println("\n Fila está vazia \n");
                }
        }
}// fim classe Inicial
```

9. Em uma oficina mecânica trabalham 10 funcionários. A oficina executa 3 tipos de serviços diferentes, sendo que Tipo1 custa R$ 15, Tipo2 custa R$ 50,00 e Tipo3 custa R$ 40,00. Cada funcionário recebe 10% por cada serviço realizado. Entretanto, se o funcionário é um gerente, ele recebe uma comissão de 15%, além de ter um salário mensal mais alto do que um funcionário comum. Considere que a oficina tenha 1 gerente. Faça um programa Java que recebe o número do funcionário (entre 1 e 10), a informação se ele é ou não gerente e quantas vezes ele executou cada um dos 3 serviços. Ao final, calcule a comissão de cada funcionário, bem como o seu pagamento do final do mês. Use o conceito de operações polimórficas na sua solução. Crie uma classe java ExemploOficina com apenas um método main para exemplificar a sua solução, além das classes que julgar necessárias, para representar os Funcionários. Utilize, obrigatoriamente, o conceito de polimorfismo para diferenciar Gerente de funcionários Comuns; e imprima no método main os resultados dos métodos que disponibilizar.

7 Sistema de Controle de Biblioteca

Neste documento é apresentado um sistema simplificado de controle de uma biblioteca, onde são empregados conceitos fundamentais da programação orientada a objetos, por exemplo, tipos abstratos de dados, classes, objetos, encapsulamento, herança, associação/agregação e polimorfismo. São apresentados também diagramas usando a linguagem UML (Unified Modelling Language) para facilitar a compreensão das regras de negócio do sistema.

Ao final deste documento o leitor deverá ser capaz de interpretar programas que utilizam hierarquias de classes.

7.1 Descrição do Problema

O sistema que vamos desenvolver se destina a uma instituição que possui uma biblioteca disponível para seus alunos, professores e público em geral. O objetivo do sistema é manter registros dos empréstimos e devoluções efetuadas, visando controlar a situação de cada exemplar individualmente e garantir que empréstimos sejam efetuados de acordo com as normas da biblioteca, descritas a seguir.

Os exemplares, que podem ser livros e periódicos, são emprestados da biblioteca por usuários cadastrados numa das seguintes categorias: aluno, professor ou usuário externo.

Para simplificar o desenvolvimento desse sistema, suponha que ele não trate com datas, de forma que empréstimos e devoluções de usuários sejam eventos que ocorram em tempo de execução. O número de exemplares que um usuário pode emprestar é um, num mesmo período, e o prazo de empréstimo depende da categoria do usuário, de acordo com a seguinte tabela:

Categoria	Quantidade de empréstimos permitidos	Prazo de empréstimo (em dias)
Usuários externos	1	3
Alunos	1	7
Professores	1	15

7.2 Modelagem do Problema

Uma primeira análise das informações acima identifica a existência de dois tipos principais de objetos envolvidos no problema: de um lado, os usuários cadastrados, e, de outro, os exemplares do acervo da biblioteca. As principais operações envolvidas são empréstimos e devoluções de exemplares pelos usuários.

Os usuários são divididos em três categorias: usuários externos, alunos e professores, variando os prazos de empréstimo. Iremos considerar alunos e professores como subtipos desses usuários, já que tanto um aluno como um professor pode "substituir" um usuário em qualquer das operações previstas para o mesmo: empréstimo e devolução de exemplares.

7.3 Diagrama de Classes

Para implementar as hierarquias de tipos acima especificadas iremos definir as seguintes classes para a aplicação:

Usuario
    Abrange todos os usuários externos e é a superclasse de alunos e professores.
    Atributos: nome do usuário, número de identificação, a quantidade permitida de exemplares emprestados e o exemplar emprestado.

Aluno
    Abrange os alunos que estão cadastrados como usuários da biblioteca. É uma subclasse de Usuario.

Professor
    Abrange os professores que estão cadastrados como usuários da biblioteca. É uma subclasse de Usuario.

Exemplar
    Abrange os exemplares pertencentes ao acervo da biblioteca.
    Atributos: título, dados do empréstimo (usuário, data do empréstimo e data de devolução prevista), caso esteja emprestado.

CadastroExemplar
    Cria o cadastro de exemplares da biblioteca.
    Atributos: lista de exemplares.

CadastroUsuario
   Cria o cadastro de usuários do sistema da biblioteca.
   Atributos: lista de usuários.

Principal
   Inicializa o sistema.
   Atributos: não têm.

ControleBiblioteca
   Gerencia a lógica de negócios do sistema de controle de biblioteca.
   Atributos: cadastro de usuários e cadastro de exemplares.

Terminal
   Obtém os dados do usuário do sistema de controle da biblioteca e os repassa para a classe de controle.
   Atributos: classe de controle

A Figura 7.1 apresenta o diagrama de classes do sistema. Note que, além dos relacionamentos de herança, estão representados no diagrama, os relacionamentos de associação. Por exemplo, o relacionamento entre Usuario e Exemplar é uma associação. Na notação UML, esse tipo de relacionamento é usado para representar uma conexão física, lógica ou conceitual entre duas classes de objetos.

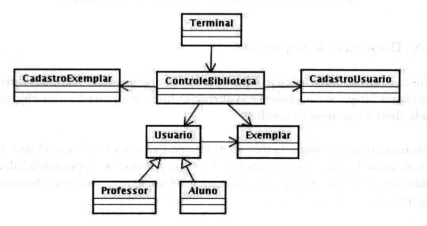

Figura 7.1: Diagrama de Classes do Sistema de Controle da Biblioteca.

7.4 Diagramas de Estados

Na Figura 7.2 estão representadas as mudanças de estados possíveis para um usuário.

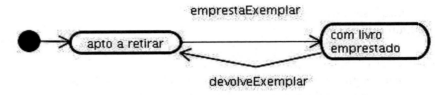

Figura 7.2: Diagrama de Estados para a Classe Usuario.

Um exemplar está também sujeito a mudanças de comportamento em função de eventos como empréstimos e devoluções. A Figura 7.3 apresenta o diagrama de estados correspondente.

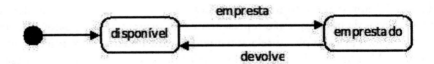

Figura 7.3: Diagrama de Estados para a Classe Exemplar.

7.5 Diagramas de Sequência

Nos diagramas anteriores estão representados os relacionamentos entre as diferentes classes (diagrama de classes) e as alterações internas de estados dos objetos de cada classe (diagramas de estados).

Um terceiro aspecto importante a ser modelado é a interação entre os objetos para a realização de cada ação do sistema, de forma a definir as responsabilidades de cada um. Para isso, utilizaremos diagramas de sequência, conforme descrito na Figura 7.4 e na Figura 7.5.

7 Sistema de Controle de Biblioteca • 133

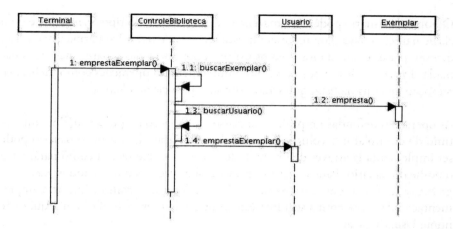

Figura 7.4: Diagrama de Sequência para Empréstimo de um Exemplar.

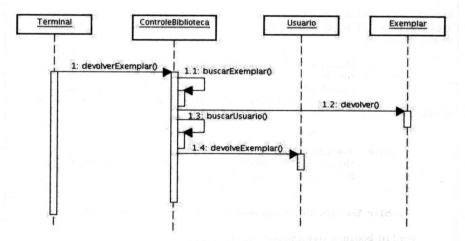

Figura 7.5: Diagrama de Sequência para Devolução de um Exemplar.

7.6 Implementação das Classes

7.6.1 Classe Usuario

No projeto da classe Usuario está definido como atributos o nome do usuário e a lista de exemplares emprestados. A lista foi escolhida, ao invés de um atributo simples, para facilitar a evolução do sistema e permitir que os usuários possam emprestar mais do que um exemplar.

134 • Programação Orientada a Objetos Usando Java™

O nome do usuário pode ser armazenado num atributo do tipo *String*, que é uma classe nativa de Java para representar cadeias de caracteres. Para armazenar a lista de exemplares emprestados, iremos utilizar uma outra classe nativa de Java, chamada *ArrayList*. Os objetos dessa classe implementam operações como inclusão e remoção de itens na lista, que serão utilizadas pela classe *Usuario*.

As operações definidas no projeto da classe são: criação de novo usuário, empréstimo de exemplar e devolução de exemplar. A criação de um novo usuário pode ser implementada através de um método construtor que receba como parâmetro o nome do usuário. Para as outras operações definiremos dois métodos: `emprestaExemplar(...)` e `devolveExemplar(...)`. Podemos, portanto, iniciar a implementação da classe com a seguinte estrutura geral, a ser incluída num arquivo de nome Usuario.java:

```java
import java.util.ArrayList;
import java.util.List;
class Usuario {

        private String nome;
        private int id;
        private List<Exemplar> exemplarEmprestado;
        private int quantidadePermitida; // qte de dias do prazo de em-
préstimo


        public Usuario(){
                this.exemplarEmprestado = new ArrayList<Exemplar>();
                this.setQuantidadePermitida(3);
        }

        public boolean emprestaExemplar(Exemplar exemplar) { ... }

        public boolean devolveExemplar() { ... }
```

As duas linhas iniciais (comandos import) são necessárias para que possamos utilizar a interface List e a classe ArrayList, que pertence ao pacote java.util.

O método construtor guarda o nome do usuário e cria a lista para armazenar os exemplares emprestados.

Antes de detalhar os métodos `emprestaExemplar()` e `devolveExemplar()`, iremos definir alguns métodos auxiliares que irão simplificar essa tarefa. Como

7 Sistema de Controle de Biblioteca • **135**

o parâmetro quantidade de dias do prazo máximo para empréstimo pode variar conforme o tipo de usuário e seu estado, vamos definir uma operação - `getQuantidadePermitida()` - que ficará responsável pela determinação desse parâmetro no momento em que seja necessário. Na classe Usuario, essa operação retorna um valor inteiro, conforme abaixo:

```
public int getQuantidadePermitida() {
       return quantidadePermitida;
   }
```

Posteriormente, na definição das classes Aluno e Professor, esses métodos serão redefinidos de acordo com as especificações para cada tipo de usuário.

De uma maneira geral, o comportamento de um objeto depende de seu estado, o que nos obriga a interrogar o estado do objeto nos métodos que implementam suas operações. Muitas vezes a determinação do estado de um objeto não é trivial, o que pode obscurecer a implementação das operações e propiciar inconsistências na determinação do estado por diferentes métodos. Torna-se conveniente, portanto, definirmos métodos auxiliares que sejam responsáveis por determinar, a qualquer momento, o estado do objeto de uma forma simples e segura. Para cada estado previsto no projeto da classe definimos um método de nome `is<NomeDoEstado>()`, que retorna uma condição indicando se o objeto se encontra no estado NomeDoEstado.

No caso da classe usuário iremos definir os métodos `isAptoAEmprestar()`, de acordo com o diagrama de estados da Figura 7.2:

```
    public boolean isAptoAEmprestar(){
              if(this.getExemplarEmprestado().isEmpty())
                     return true;
              else
                     return false;
       }
```

Como o usuário só pode emprestar um exemplar por vez, ele só estará apto a emprestar se não estiver de posse de nenhum exemplar.

O método esta `ComLivroEmprestado()` verifica se o número de dias que o usu-

136 • Programação Orientada a Objetos Usando Java™

ário está de posse do exemplar é maior do que o tempo que lhe foi concedido de acordo com a sua categoria.

```
public boolean estaComLivroEmprestado(){
            if((this.getExemplarEmprestado() != null) &&
                        ( !this.getExemplarEmprestado().isEmp-
ty()))
                    return true;
            else
                . return false;}
```

Com o suporte dos métodos definidos acima, a implementação dos métodos emprestaExemplar() e devolveExemplar() pode ser feita mais facilmente.

```
public boolean emprestaExemplar(Exemplar exemplar) {
        if( ( exemplar != null ) && ( this.isAptoAEmprestar() ) ) {
                this.exemplarEmprestado.add( exemplar );
                    return true;
        }
        else{
                return false;
        }
}
public boolean devolveExemplar() {
        if( this.estaComLivroEmprestado() ){
                            this.exemplarEmprestado.remove(0);
                    return true;
        }
        else
                return false;

}
```

Para concluir a definição dessa classe, iremos acrescentar alguns métodos auxiliares que permitem a objetos de qualquer classe observar partes do estado do objeto:

getNome() permite que objetos de outras classes possam obter o nome do usuário, mantendo o atributo nome como private;

setNome() permite determinar o nome do usuário.

getQuantidadePermitida() retorna a quantidade de dias que o usuário pode ficar de posse de um exemplar.

setQuantidadePermitida() determina a quantidade de dias que o usuário pode emprestar um exemplar.

getId() retorna o id do usuário.

setId() define o id do usuário.

isProfessor() retorna se o usuário é um professor ou não.

isAluno() retorna se o usuário é um aluno ou não.

isUsuario() retorna se o usuário não é um de seus filhos, ou seja, é um usuário comum.

getExemplarEmprestado() retorna a lista de exemplares emprestados.

setExemplarEmprestado() define a lista de exemplares emprestados.

```java
package sistemadebiblioteca;

import java.util.ArrayList;
import java.util.List;

public class Usuario {
        private String nome;

        private int id;
        private List<Exemplar> exemplarEmprestado;
        private int quantidadePermitida;

        public Usuario(){...}

        public Usuario(String nome, int id){    ...}

        public boolean estaComLivroEmprestado(){...}


        public boolean emprestaExemplar(Exemplar exemplar) {...}

        public boolean devolveExemplar() {...}

        public String getNome(){...}

        public void setNome(String name){...}

        public int getId(){...}

        public void setId(int x){...}

        public boolean isAtrasado(int diasEmprestado){...}

        public boolean isAptoAEmprestar(){...}
```

138 • Programação Orientada a Objetos Usando Java™

```java
        public boolean isProfessor(){...}

        public boolean isAluno(){...}

        public boolean isUsuario(){...}


        public List<Exemplar> getExemplarEmprestado() {...}

        public void setExemplarEmprestado(List<Exemplar> exemplarEmpres-
tado) {...}

        public int getQuantidadePermitida() {...}

        public void setQuantidadePermitida(int quantidadePermitida) {...}

}
```

7.6.2 Classe Aluno

No projeto da classe *Aluno*, foi definido um construtor para atribuir um novo valor à quantidade de dias que o aluno pode ficar de posse de um exemplar.

```java
        public Aluno() {
                super();
                this.setQuantidadePermitida( 7 );
        }

        public Aluno(String nome, int id){
                super();
                this.setNome(nome);
                this.setId( id );
                //aluno pode emprestar o livro por 7 dias
                this.setQuantidadePermitida( 7 );



        }


        public boolean isAluno(){
                return true;
        }

        public boolean isUsuario(){
                return false;
        }
}
public class Aluno extends Usuario {
```

Os métodos `isAluno()` e `isUsuario()` foram redefinidos para refletir os tipos dos objetos.

7.6.3 Classe Professor

A classe *Professor* é semelhante à classe *Aluno*, pois define um construtor para atribuir um novo valor à quantidade de dias ele pode emprestar um exemplar.

```java
public class Professor extends Usuario {

        public Professor() {
                super();
                this.setQuantidadePermitida( 15 );

        }

        public Professor(String nome, int id){
                super();
                this.setNome(nome);
                this.setId( id );
                //professor pode emprestar o livro por 15 dias

                this.setQuantidadePermitida( 15 );


        }


        public boolean isProfessor(){
                return true;
        }

        public boolean isUsuario(){
                return false;
        }

}
```

As operações *isUsuario()* e *isProfessor()* foram redefinidas para representar os tipos de objetos.

140 • Programação Orientada a Objetos Usando Java™

7.6.4 Classe Exemplar

No projeto da classe Exemplar é definido como atributos o título do exemplar e dados do empréstimo. Os atributos do empréstimo são: usuário que realizou a operação, data da operação e data prevista para devolução.

Tal como foi feito para a classe Usuario, iremos definir métodos auxiliares para determinar o estado de um Exemplar, de acordo com o diagrama de estados da Figura 7.3.

Podemos, portanto, iniciar a definição da classe com a seguinte estrutura geral:

```java
public class Exemplar {

        private int id;

        private String titulo;

        private boolean isEmprestado;

        private GregorianCalendar dtEmprestimo;


        public Exemplar(String titulo,int id,int numeroExemplar){
                this.setTitulo(titulo);
                this.setId(id);
                this.setEmprestado(false);
        }
....
```

O trecho de código seguinte implementa os métodos auxiliares.

```java
public boolean isDisponivel() {
                return (!this.isEmprestado());

        }

        public boolean isEmprestado() {
                return this.isEmprestado;
        }
```

Com esses métodos já definidos, podemos implementar as operações principais, conforme os diagramas de sequência da Seção 7.5.

```java
public boolean empresta() {
                if ( isDisponivel()) {
                        this.setEmprestado(true);
                        this.setDtEmprestimo(new GregorianCalendar());
                        return true;
                }
                else
                        return false;
        }

        public boolean devolver(){
                if ( this.isEmprestado()) {
                        this.setEmprestado(false);
                        this.setDtEmprestimo(null);
                        return true;
                }
                else
                        return false;
        }
```

Para completar a definição da classe iremos redefinir o método *toString()* para incluir o título do exemplar e sua situação atual:

```java
public String toString() {
                String st = new String();
                if (isDisponivel())
                        return( titulo + " disponivel");
                if (isEmprestado())
                        st = " emprestado em " + this.printDate( this.
getDtEmprestimo() );

                return( titulo + st );
        }

private String printDate(GregorianCalendar gc){
                String str = new String();
                str = String.valueOf( gc.get(Calendar.DAY_OF_MONTH) );
                str = str + "/" + String.valueOf( gc.get(Calendar.MONTH)
+1 );
                str = str + "/" + String.valueOf( gc.get(Calendar.YEAR)
);
                return str;
        }
```

142 • Programação Orientada a Objetos Usando Java™

O método auxiliar printDate() transforma uma data em um String no formato dia/mês/ano. Como é utilizado apenas pela classe Exemplar, foi definido com visibilidade private.

```java
package sistemadebiblioteca;

import java.util.Calendar;
import java.util.GregorianCalendar;

public class Exemplar {

        private int id;

        private String titulo;

        private boolean isEmprestado;

        private GregorianCalendar dtEmprestimo;


        public Exemplar(String titulo,int id,int numeroExemplar){
                this.setTitulo(titulo);
                this.setId(id);
                this.setEmprestado(false);
        }


        public boolean isDisponivel() {
        return (!this.isEmprestado());

        }

        public boolean isEmprestado() {
                return this.isEmprestado;
        }


        public boolean empresta() {
                if ( isDisponivel()) {
                        this.setEmprestado(true);
                        this.setDtEmprestimo(new GregorianCalendar());
                        return true;

                }
                else
                        return false;
        }
```

7 Sistema de Controle de Biblioteca • 143

```java
public boolean devolver(){
                if ( this.isEmprestado()) {
                        this.setEmprestado(false);
                        this.setDtEmprestimo(null);
                        return true;
                }
                else

                        return false;

        }


        public String getTitulo() {
                return titulo;
        }

        public void setTitulo(String titulo) {
                this.titulo = titulo;
        }


        public GregorianCalendar getDtEmprestimo() {
                return dtEmprestimo;
        }

        public void setDtEmprestimo(GregorianCalendar dtEmprestimo) {
                this.dtEmprestimo = dtEmprestimo;
        }



        public String toString() {
                String st = new String();
                if (isDisponivel())
                        return( titulo + " disponivel");
                if (isEmprestado())
                        st = " emprestado em " + this.printDate( this.
getDtEmprestimo() );

                return( titulo + st );
        }
        private String printDate(GregorianCalendar gc){
                String str = new String();
                str = String.valueOf( gc.get(Calendar.DAY_OF_MONTH) );
                str = str + "/" + String.valueOf( gc.get(Calendar.MONTH)
+1 );
                str = str + "/" + String.valueOf( gc.get(Calendar.YEAR)
);
                return str;
        }
```

144 • Programação Orientada a Objetos Usando Java™

```
public int getId() {

                return id;
        }

        public void setId(int id) {
                this.id = id;
        }
        public void setEmprestado(boolean isEmprestado) {
                this.isEmprestado = isEmprestado;
        }

}
```

Os métodos *getId*(), *setId*(), *getDtEmprestimo*(), *setDtEmprestimo*(), *setEmpresta-do*(), *isDisponivel*(), *isEmprestado*(), *getTitulo()* e *setTitulo()* são métodos que apenas acessam (*get** e *is**) e atribuem (*set**) valores aos atributos privados da classe.

7.6.5 A classe Terminal

A classe Terminal é responsável por conectar a classe de controle e o usuário do sistema. Ela é responsável por criar um menu através do qual o usuário pode interagir com o sistema, por meio de quatro operações: (1) emprestar exemplar, (2) devolver exemplar, (3) listar o exemplar de posse do usuário e (4) sair do sistema.

O trecho de código abaixo mostra como é inicializado o menu do usuário.

```
public void iniciarSistema() {

                int idUsuario;
                int op;
                System.out.println("\nAtendimento aos usuarios");
                try {
                        idUsuario = this.getIDUsuario();

                        // seleciona usuario
                        while( idUsuario > -1) {
                                //System.out.println("Bem-vindo "+usua-
rio.getNome());
                                op = this.getOperacao(); // seleciona
operacao
                                this.executaOperacao(idUsuario,op); // e
executa
                                idUsuario = this.getIDUsuario();

                        }
```

7 Sistema de Controle de Biblioteca • 145

```
} catch (IOException e) {
                  System.err.println(e.getLocalizedMessage());
                  e.printStackTrace();
      }


      }
```

Assim como nas demais classes, existem alguns métodos auxiliares para executar as principais funções da classe. Nesse caso, os métodos auxiliares são: *getIDExemplar()*, *getInt()*, *getIDUsuario()*, *getTempoDeLocacao()* e *executaOperacao()*.

```
package sistemadebiblioteca;

import java.io.BufferedReader;
import java.io.IOException;
import java.io.InputStreamReader;
import java.io.StreamTokenizer;

public class Terminal {

        private ControleBiblioteca controlBib;

        public Terminal(){...}

        public void iniciarSistema() {...}

        private int getOperacao()  throws IOException {...}

        private int getIDUsuario() throws IOException {...}

        private int getIDExemplar() throws IOException {...}

        private void executaOperacao(int idUsuario, int op)        throws
IOException {...}

        private int getInt(String str, int de, int ate) throws IOExcep-
tion {...}

        protected ControleBiblioteca getControlBib() {...}

        protected void setControlBib(ControleBiblioteca controlBib) {...}

        protected int getTempoDeLocacao() throws IOException{...}


}
```

146 • Programação Orientada a Objetos Usando Java™

7.6.6 A classe CadastroExemplar

A classe CadastroExemplar é responsável por criar os dados dos exemplares. Os exemplares são cadastrados na biblioteca e armazenados em uma lista.

```java
package sistemadebiblioteca;

import java.util.ArrayList;
import java.util.List;

public class CadastroExemplar {

        private List<Exemplar> listaExemplares;

        public CadastroExemplar(){...}

        public List<Exemplar> getListaExemplares() {...}

        public void setListaExemplares(List<Exemplar> listaExemplares)
{...}


}
```

7.6.7 A classe CadastroUsuario

A classe *CadastroUsuario* é semelhante à classe *CadastroExemplares*, provendo operações para criar e gerenciar dados dos usuários. Os usuários são cadastrados na inicialização da classe e armazenados em uma lista, chamada de *listaUsuarios*.

```java
package sistemadebiblioteca;

import java.util.ArrayList;
import java.util.List;

public class CadastroUsuario {

        private List<Usuario> listaUsuarios;

        public CadastroUsuario(){...}

        public List<Usuario> getListaUsuarios() {...}

        public void setListaUsuarios(List<Usuario> listaUsuarios) {...}


}
```

7.6.8 A classe ControleBiblioteca

Essa é a classe de controle do sistema, através da qual os comandos vindos da fronteira do sistema (classe Terminal) são repassados para as demais classes. Como uma classe de controle, ela é responsável pela lógica do negócio. As principais operações do sistema, devolver exemplar, emprestar exemplar e listar o exemplar emprestado, são implementadas nessa classe.

```java
public boolean devolverExemplar(int idExemplar, int idUser, int diasEmprestado){
                //verifica se existe o exemplar
                Exemplar ex = this.buscaExemplar(idExemplar);
                if( ex == null){
                        System.out.println("Nao existe exemplar com id
especificado.");
                        return false;
                }
                ex.devolver();
                //verifica se existe o usuario
                Usuario user = this.buscarUsuario(idUser);
                if( ( user != null ) && ( user.estaComLivroEmprestado() )
){
                        //pega o id do exemplar emprestado pelo usuario
                        int aux = user.getExemplarEmprestado().get(0).
getId();
                        //compara com o id do exemplar passado pelo usua-
rio do sistema
                        if( aux != idExemplar){
                                System.out.println( user.getNome() + "
nao esta com o exemplar citado.");
                                return false;
                        }
                }
                else{
                        System.out.println("Ou o id do usuario esta erra-
do ou ele nao esta com exemplar emprestado.");
                }

                // atualiza o estado de exemplar e usuario
                boolean res = user.devolveExemplar();
                if( ( res ) && ( user.isAtrasado(diasEmprestado) ) ){
                        int tempoPermitido = user.getQuantidadePermiti-
da();
                        int qtdDiasAtrasado = diasEmprestado - tempoPer-
mitido;
                        System.out.println(user.getNome()+ " esta
"+qtdDiasAtrasado+" dias atrasado.");
```

148 • Programação Orientada a Objetos Usando Java™

```
}
                else{
                        if( res )
                                System.out.println("Devolucao do exemplar
"+ex.getTitulo()+" id = "+ex.getId());
                        }
                return res;


        }

        public void listaExemplarEmprestado(int idUsuario){
                Usuario user = this.buscarUsuario( idUsuario );
                if( ( user != null ) && ( user.estaComLivroEmprestado() )
){
                        Exemplar ex = user.getExemplarEmprestado().
get(0);
                        System.out.println(ex.toString());
                }
                else{
                System.out.println("O usuario nao tem exemplar");

                }
        }

        public boolean emprestarExemplar(int idExemplar, int  idUsuario)
{
                //verifica se o exemplar existe
                boolean aptoAEmprestar;
                Exemplar ex = this.buscaExemplar( idExemplar );
                if( ex != null )
                        aptoAEmprestar = ex.empresta();
                else{
                        System.out.println("Nao foi possivel achar o
exemplar especificado.");
                        return false;
                }

                //se ele existe e realmente nao foi emprestado, atualiza
os dados do usuario
                if( aptoAEmprestar ){
                        Usuario user = this.buscarUsuario(idUsuario);
                        if( user != null){
                                boolean resultado = user.emprestaExem-
plar( ex );
                                if( resultado )
                                        System.out.println("Emprestimo do
exemplar "+ex.getTitulo()+" id "+ex.getId()+" pelo(a) "+user.getNome());
                                else
                                        System.out.println(user.getNo-
me()+" ja emprestou outro livro.");
                                return resultado;
                        }
                        else{
```

7 Sistema de Controle de Biblioteca • 149

```
System.out.println("O id do usuario especificado esta incorreto.");
                            return false;
                    }
            }
            else{
                    System.out.println("O exemplar estÃ¡ indisponi-
vel");
                    return false;
            }
        }
```

Além desses métodos, essa classe possui outros como:

- *calcularPrazoDeDevolucao()*, que retorna o quão atrasado está o usuário;

- *getCadUsuarios()* e *setCadUsuarios()*, que acessam e definem o cadastro de usuarios, respectivamente.

- *getCadExemplar()* e *setCadExemplar()*, que acessam e definem o cadastro de exemplares, respectivemente.

- *getQuantidadeDeUsuarios()*, retorna a quantidade de usuários cadastrados.

- *buscarUsuario()*, dado um id, retorna um usuario cadastrado.

- *buscarExemplar()*, dado um id, retorna um exemplar cadastrado.

- *getQuantidadeDeExemplares()*, retorna a quantidade de exemplares cadastrados.

```
package sistemadebiblioteca;

        import java.util.List;

        public class ControleBiblioteca {

                private CadastroUsuario cadUsuarios;

                private CadastroExemplar cadExemplar;
```

150 • Programação Orientada a Objetos Usando Java™

```
public ControleBiblioteca(){...}

            public void calcularPrazoDeDevolucao(Usuario user){...}

            public boolean devolverExemplar(int idExemplar, int idU-
ser, int diasEmprestado){...}

            public void listaExemplarEmprestado(int idUsuario){...}

            public boolean emprestarExemplar(int idExemplar, int
idUsuario) {...}

            public CadastroUsuario getCadUsuarios() {...}

            public void setCadUsuarios(CadastroUsuario cadUsuarios)
{...}

            public CadastroExemplar getCadExemplar() {...}

            public void setCadExemplar(CadastroExemplar cadExemplar)
{...}

            public int getQuantidadeDeUsuarios(){...}

            public Usuario buscarUsuario(int id){...}

            public int getQuantidadeDeExemplares(){...}

      }
```

7.6.9 A classe Principal

A classe Principal tem como único objetivo inicializar o sistema por meio da classe de fronteira do sistema de bibliotecas, ou seja, a classe Terminal.

```
public class Principal {

      public static void main(String[] args){
            Terminal term =new Terminal();
            term.iniciarSistema();
      }

}
```

7.7 Uso do Sistema

Segue um exemplo de uso do sistema apresentado. As entradas fornecidas estão destacadas em negrito . O exemplo ilustra vários cenários diferentes.

1 - um usuário (Maria) empresta um exemplar.

```
Atendimento aos usuarios
Entre com id do usuario ( ou digite -1 para terminar)
0
Entre com operacao:
1=empresta, 2=devolve, 3=ver exemplar emprestado, 4=sair
1
Entre com o id do exemplar
2
Emprestimo do exemplar Bras Cubas id 2 pelo(a) Maria
Exemplar emprestado com sucesso!
Entre com id do usuario ( ou digite -1 para terminar)
```

2 - um usuário (Maria) devolvendo um exemplar dentro do prazo.

```
Entre com id do usuario ( ou digite -1 para terminar)
0
Entre com operacao:
1=empresta, 2=devolve, 3=ver exemplar emprestado, 4=sair
2
Entre com o id do exemplar
2
Por quantos dias o exemplar foi emprestado?
3
Devolucao do exemplar Bras Cubas id = 2
Exemplar devolvido com sucesso.
```

3 - um usuário (Ana) devolvendo um exemplar fora do prazo.

```
Entre com id do usuario ( ou digite -1 para terminar)
4
Entre com operacao:
1=empresta, 2=devolve, 3=ver exemplar emprestado, 4=sair
2
Entre com o id do exemplar
0
Por quantos dias o exemplar foi emprestado?
16
Ana esta 1 dias atrasado.
Exemplar devolvido com sucesso.
```

152 • Programação Orientada a Objetos Usando Java™

4 - um usuário (João, id 3) tenta emprestar um exemplar (Bras Cubas, id 1) de posse de outro usuário.

```
Entre com id do usuario ( ou digite -1 para terminar)
3
Entre com operacao:
1=empresta, 2=devolve, 3=ver exemplar emprestado, 4=sair
1
Entre com o id do exemplar
1
O exemplar está indisponivel
Nao foi possivel emprestar o exemplar.
```

5 – um usuário (José, id 2) lista qual exemplar está com ele.

```
Entre com id do usuario ( ou digite -1 para terminar)
2
Entre com operacao:
1=empresta, 2=devolve, 3=ver exemplar emprestado, 4=sair
3
Bras Cubas emprestado em 5/4/2008
```

6 - um usuário (Maria, id 0) saindo do sistema.

```
Entre com id do usuario ( ou digite -1 para terminar)
0
Entre com operacao:
1=empresta, 2=devolve, 3=ver exemplar emprestado, 4=sair
4
Obrigado por usar o sistema de bibliotecas.
```

7.8 Exercícios de Fixação

Implemente as seguintes funcionalidades extras modificando o código fornecido neste capítulo e usando os conceitos de classes abstratas e de redefinição de operações sempre que possível:

1. A quantidade de exemplares emprestados por um usuário comum é 2, por um aluno é 3 e por um professor é 4.

2. A biblioteca abriga vários tipos de exemplares: livros (em papel e eletrônicos), teses, dissertações, periódicos, anais de eventos, cds, dvds etc.

3. Um professor pode bloquear um exemplar impedindo que o mesmo seja emprestado. A operação de desbloquear libera o exemplar para empréstimo.

8 Classes Abstratas e Concretas

Neste capítulo são apresentados os conceitos de classes concretas, classes abstratas e métodos abstratos, com um exemplo de sua aplicação.

Ao final deste capítulo o estudante deverá ser capaz de projetar e definir hierarquias de classes usando classes abstratas.

8.1 Classes Concretas

No estudo de caso da biblioteca, apresentado no capítulo 7, definimos as classes **Livro** e **Periodico** englobando, respectivamente, os livros comuns e os exemplares de revistas e jornais que pertencem ao acervo da biblioteca. Como, do ponto de vista da biblioteca, um periódico pode ser visto como uma especialização de um livro comum, a classe **Periodico** foi definida como subclasse de **Livro**. Na Figura 8.1 está representada a hierarquia de classes obtida e a instanciação de dois objetos: um livro e um periódico.

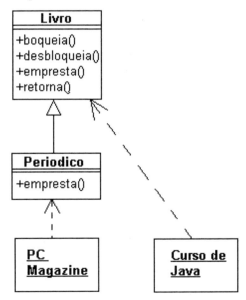

Figura 8.1: Hierarquia de Classes Livro - Periódico.

Classes como **Livro** e **Periodico**, que podem ser instanciadas diretamente, são ditas classes concretas.

Classe concreta (*concrete class*) É uma classe que pode ser instanciada diretamente.

A classe **Periodico** utiliza plenamente a implementação herdada da classe **Livro**. O método **empresta()**, que é seu único método especializado, apenas acrescenta uma restrição ao método correspondente da classe **Livro**, que continua sendo chamado através do comando **super.empresta()**. Temos, nesse caso, um uso correto de redefinição de método entre duas classes concretas da aplicação.

8.2 Conceito de Classe Abstrata

Uma outra abordagem para a modelagem das classes daquele estudo de caso da biblioteca, apresentado no Capítulo 7, é considerarmos as classes **Livro** e **Periodico** como especializações de uma classe **Exemplar**, que abranja todos os exemplares da biblioteca, como na Figura 8.2.

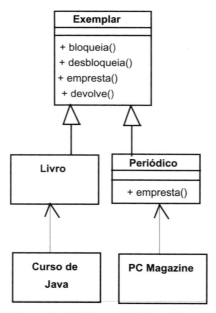

Figura 8.2: Hierarquia de Classes de Exemplares da Biblioteca.

Classe abstrata (*abstract class*) É uma classe que não pode ser instanciada diretamente.

Para ilustrar a aplicação de classes abstratas, vamos supor que a biblioteca passe a manter mídias de vídeo em seu acervo, para as quais são previstas operações de empréstimo de acordo com as seguintes regras específicas:

i. a cada mídia é associado um nível de privilégio, que determina que tipos de usuários podem retirá-la, podendo ser: apenas professores; alunos ou qualquer usuário;

ii. o nível de privilégio de uma mídia pode ser alterado a qualquer momento;

iii. o prazo de empréstimo de uma mídia é sempre de dois dias;

iv. as mídias **não podem ser bloqueadas/desbloqueadas.**

Podemos, portanto, definir um tipo abstrato de dados para as mídias através das operações: empréstimo, retorno e alteração de nível de privilégio. Para implementar esse tipo abstrato de dados iremos definir a classe **Mídia**. A questão a ser decidida é se devemos incluir essa nova classe na hierarquia de classes existente, e como isso deve ser feito.

Comparando os tipos abstratos de dados 'mídias' e 'livros', verificamos que as diferenças entre ambos não permite estabelecer uma verdadeira relação de generalização / especialização entre esses dois tipos. Considerar as mídias como uma especialização de livros implica em incluir as operações de bloqueio e desbloqueio no comportamento das mídias. De modo inverso, considerar os livros como uma especialização de mídias implica em incluir a operação de alteração do nível de privilégio no comportamento dos livros.

Pelo exposto acima, uma relação de herança entre as classes **Livro** (ou **Periodico**) e **Mídia**, em qualquer sentido, não seria recomendada, pois alteraria a definição de algum tipo abstrato de dados.

Por outro lado, as operações de empréstimo e retorno são comuns aos dois tipos, podendo ser vantajoso para a aplicação tratá-los como um único tipo, ao menos sob esses aspectos.

As classes abstratas nos fornecem uma solução adequada para situações como essa. Podemos criar uma classe abstrata **Item**, englobando todos os itens do acervo da biblioteca, como superclasse de **Livro** e **Mídia**, como representado na Figura 8.2.

158 • Programação Orientada a Objetos Usando Java™

Note que a única função da classe **Item** é servir como superclasse, não podendo existir na aplicação objetos instanciados diretamente dela. Sendo assim, podemos omitir de sua implementação tudo o que for específico de suas subclasses, e nos restringir apenas às estruturas de dados e métodos que serão de fato herdados tanto pela classe **Livro** como **Mídia**.

8.3 Métodos Abstratos

Analisando mais detalhadamente a operação de empréstimo, como definida para os tipos abstratos de dados 'livros' e 'mídias', observamos as seguintes diferenças:

i. para que um livro possa ser emprestado, basta que ele esteja disponível. Para uma mídia, é necessário também que o usuário que a solicita seja de um tipo compatível com o seu nível de privilégio;

ii. para que uma mídia seja considerada disponível, basta que ela não esteja emprestada. Para um livro, é necessário também que não esteja bloqueado.

Isso significa que, embora a operação de empréstimo seja comum aos dois tipos, as classes **Livro** e **Mídia** deverão definir diferentes implementações para essa operação. Note que não é possível definir uma dessas duas formas de implementação como uma simples extensão da outra: para uma mídia **não há sentido em se falar em "não estar bloqueada", assim como para um livro não há sentido em se falar em "nível de privilégio".**

Não podemos, portanto, incluir na definição da classe **Item** nenhuma dessas duas implementações possíveis para a operação de empréstimo. O que fazemos em situações como essa é definir uma operação de empréstimo mais abstrata, que possa ser estendida pelas classes **Livro** e **Mídia**, e implementar essa operação na classe abstrata **Item**, como apresentado na Figura 8.3.

Considere, por exemplo, a implementação da operação de empréstimo na classe **Livro**. O método **empresta()**, que executa a operação, utiliza o método **isDisponivel()** para verificar se o livro está disponível. É o método **isDisponivel()**, portanto, que se preocupa com a condição "bloqueado", específica dos livros. Observe que o método **empresta()** poderia ser utilizado também para o caso das mídias se deixássemos a implementação do método **isDisponivel()** em aberto, ou seja, como um método abstrato.

Método abstrato (*abstract method*) É um método para o qual não é definida uma forma de implementação específica.

Podemos, então, incluir aquela implementação do método **empresta()** na classe Item, definindo o método **isDisponivel()** como abstrato. Cada uma das classes **Livro** e **Mídia** deve fornecer a sua implementação específica para o método **isDisponivel()**. Caberá à classe Mídia estender o método **empresta()** para condicionar o empréstimo ao tipo do usuário e nível de privilégio da mídia.

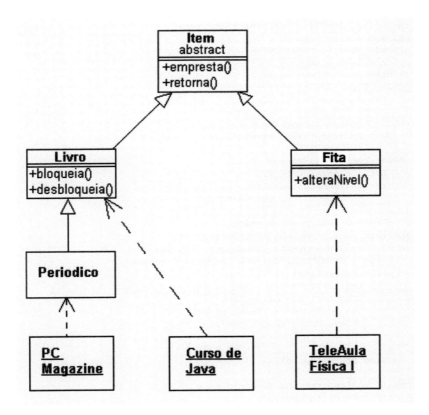

Figura 8.3: Hierarquia Item.

8.4 Definição da Classe Abstrata Item

Uma classe abstrata é definida de forma semelhante a uma classe concreta, porém, com o modificador **abstract** na cláusula **class**. Os métodos abstratos também são

160 • Programação Orientada a Objetos Usando Java™

definidos com o modificador **abstract** e não podem ter nenhuma implementação. Qualquer classe que contenha ao menos um método abstrato é considerada abstrata, mesmo que não seja declarada como **abstract**.

O código seguinte define a classe abstrata **Item**, tal como especificada na seção anterior.

```java
import java.util.Calendar;
import java.util.GregorianCalendar;
import java.util.Date;
abstract class Item {      // classe abstrata
    private String titulo;
    private Usuario retiradoPor;
    private Date dtEmprestimo;
    private Date dtDevolucao;
    public Item (String tit) {
        titulo=tit;
    }
    public boolean isEmprestado() {
        return (!(retiradoPor==null));
    }
    public boolean isEmAtraso() {
        Date hoje=new Date();
        return(isEmprestado()&&
            dtDevolucao.before(hoje));
    }
    // o metodo abaixo e' abstrato
    abstract public boolean isDisponivel();
    public boolean empresta (Usuario u, int prazo) {
        GregorianCalendar cal=new GregorianCalendar();
        if (isDisponivel()) {
            retiradoPor=u;
            dtEmprestimo=cal.getTime();
            cal.add(Calendar.DATE, prazo);
            dtDevolucao=cal.getTime();
            return(true);
        }
        else return(false);
    }
    public boolean retorna (Usuario u) {
        if (u==retiradoPor) {
            retiradoPor=null;
            return(true);
        }
        else return (false);
    }
}
```

Toda subclasse de uma classe abstrata precisa fornecer uma implementação para os métodos abstratos da superclasse, ou então declará-los também como abstratos. Nesse último caso, a subclasse será também abstrata. Deixamos como exercício para o estudante alterar a definição da classe **Livro**, para torná-la uma subclasse de **Item**.

8.5 Usos Corretos de Classes Abstratas

A definição de classes abstratas permite, como vimos, a definição de hierarquias de classes mais complexas. Seu uso indiscriminado pode, porém, criar "famílias" de objetos que não possuem vínculos fortes entre si, tornando-se um obstáculo à sua utilização e manutenção futuras. Os mecanismos de herança em orientação a objetos são como heranças na vida real: tanto podem nos trazer grandes benefícios como se tornar uma fonte de complicações e problemas! O exemplo seguinte ilustra esse tipo de problema.

Suponha que se resolva ampliar os serviços da biblioteca, para controlar também a utilização de salas de estudo, que podem ser emprestadas apenas a alunos e professores, por períodos de algumas horas do dia. Para continuar utilizando toda a infraestrutura existente para controlar também essa nova modalidade de empréstimo, poderíamos ser tentados a incluir as salas de estudo na hierarquia de livros, periódicos e fitas de vídeo. Uma opção seria criar uma nova classe abstrata **ItemRestrito**, para abranger itens como as salas de estudo e fitas de vídeo, cujo empréstimo é condicionado ao tipo de usuário, como na Figura 8.4.

É fácil perceber o resultado a que podemos chegar: algo como um jardim zoológico, onde pinguins são forçados a dividir um espaço com camelos e girafas, por motivos absolutamente artificiais.

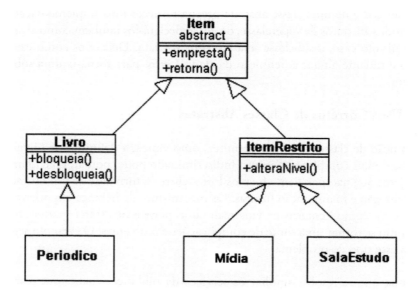

Figura 8.4: Hierarquia com Sala de Estudo.

8.6 Exercícios de Fixação

1. Considere a hierarquia de classes concretas, usada por sistema de controle de uma biblioteca. O sistema tem que ser evoluído para acomodar novas funcionalidades. Considere que a biblioteca agora tenha que manter DVDs de vídeos e também discos Blu-ray no seu acervo, para os quais estão previstos os requisitos:

   - Cada DVD/Blu-Ray tem associado a ele um tipo de privilégio, a saber: acesso permitido apenas a professores, acesso permitido a alunos e professores, e acesso para qualquer usuário.

   - O tipo de privilégio pode ser alterado a qualquer instante.

   - O prazo de empréstimo é sempre de 2 dias.

   - Os DVDs/blu-rays não podem ser bloqueados/desbloqueados.

Altere a hierarquia de classes original, utilizando o conceito de classes abstratas e de redefinição de operação, de tal forma que os requisitos acima descritos sejam incorporados no diagrama de classes.

2. Suponha que o sistema sofra uma nova mudança, passando a controlar também o empréstimo de salas de estudo e CDs com cópias de software livre. O empréstimo das salas é efetuado por um período de no máximo 2 horas. As salas podem ser emprestadas apenas para professores ou alunos e não podem ser bloqueadas/desbloqueadas. As regras para o empréstimo dos CDs são as mesmas dos DVDs/Blu-rays. Incorpore essas mudanças na hierarquia obtida no item 1.

9 Interfaces

Neste capítulo é apresentado o conceito de interfaces Java, sua aplicação no projeto de hierarquias de tipos e sua relação com hierarquias de classes.

Ao final deste capítulo, o estudante deverá compreender as diferenças entre interfaces e classes e ser capaz de interpretar e empregar corretamente o mecanismo de interfaces de Java.

9.1 O Conceito de Interface

O conceito de interface se origina da Física, onde tem o seguinte significado:

Interface: Superfície que separa duas fases de um mesmo sistema.
Fase: Parte homogênea de um sistema heterogêneo.

Uma interface tem, portanto, a função de separar duas partes de um mesmo sistema. Para isso a interface deve proporcionar um grau de isolamento controlado entre as partes, de modo a permitir a transição entre elas como partes de um mesmo sistema.

Figura 9.1: Exemplos de Interfaces em Sistemas de Computação.

166 • Programação Orientada a Objetos Usando Java™

Em sistemas de computação, esse conceito é aplicado de várias formas, como ilustrado através da Figura 9.1. Chamamos de interface com os usuários a camada de um sistema responsável pela interação entre o usuário e os processos da aplicação. Usamos o termo interfaces de programação ou API (*applications programming interface*) para nos referir ao conjunto de funções que podem ser chamadas pelos programas aplicativos para utilizar os serviços oferecidos pelo sistema operacional.

A utilização de interfaces bem definidas permite um alto grau de interoperabilidade entre as partes de um sistema. Uma aplicação desenvolvida utilizando apenas as interfaces de programação do padrão Unix SVID (*System V Interface Definition*), por exemplo, deverá operar corretamente com qualquer um dos vários sistemas operacionais que implementam esse padrão.

9.2 Interfaces no Modelo de Objetos

Em orientação a objetos, uma interface é usada para definir um tipo que descreve o comportamento visível externamente de uma classe, objeto ou uma outra entidade. No caso de uma classe ou objeto, a interface inclui as assinaturas das suas operações.

É esse último significado que se aplica às interfaces Java:

> **Interface Java:** Especifica um tipo abstrato de dados, através de um conjunto de operações e suas respectivas assinaturas de métodos.

A implementação de um tipo especificado por uma interface é feita sempre através de uma definição de classe. Como uma classe pode implementar um número qualquer de interfaces, dizemos que Java permite herança múltipla de interfaces. De forma inversa, diferentes classes podem implementar de maneiras distintas uma mesma interface.

A função dessas interfaces é separar de forma explícita as definições dos tipos abstratos de dados de suas implementações. Essa ideia é ilustrada através dos diagramas da Figura 9.2, explicados a seguir:

a. Na Figura 9.2(a), a classe C1 contém uma referência para um objeto cujo tipo é a classe C2. Essa conexão direta entre as classes C1 e C2 cria uma dependência entre ambas: C1 só é capaz de operar com objetos da classe C2.

b. As classes C1 e C2 se acoplam através de uma interface X. A classe C1 contém uma referência a um objeto do tipo especificado pela interface X e a classe C2 implementa essa mesma interface. Com isso reduz-se a dependência entre essas classes: C1 é capaz de operar com objetos do tipo X, dentre os quais se incluem os objetos da classe C2.

c. A classe C1 pode interoperar com outras classes, tais como C3, desde que implementem a mesma interface X.

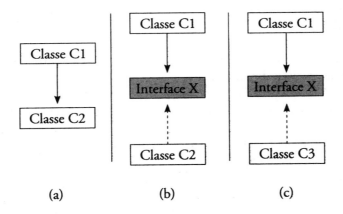

Figura 9.2 Função das interfaces Java

9.3 Definição de Interface em Java

A sintaxe de Java para definição de interface é:

```
definição-de-interface
interface <nome-de-interface>
         [ extends <lista-de-interfaces> ] {
  [ <definição-de-constantes> ] // constantes (opcionais) e
  <assinaturas-de-métodos>      // operações características
}
```

```
definição-de-constante
final <tipo-de-dado> <nome-de-atributo> = <valor> ;
```

168 • Programação Orientada a Objetos Usando Java™

Em geral os nomes de interfaces são formados como os nomes de classes: substantivos simples ou adjetivados, no singular, com cada palavra iniciando com maiúscula.

A cláusula **extends** permite definir hierarquias de tipos, onde um subtipo herda todas as operações e constantes definidas para o(s) supertipo(s) (herança múltipla de interfaces).

Uma característica essencial das interfaces Java é a ausência de implementação, tanto de métodos como de estruturas de dados. A única exceção admitida é a definição de constantes.

Todas as operações de uma interface são públicas, não sendo exigido o modificar **public** nas assinaturas dos métodos.

Como ilustrado na Figura 9.2(b), uma interface é utilizada de duas formas:

1. na declaração de atributos ou métodos do tipo especificado pela interface, como no caso da classe C1;

```
tipo-abstrato
<nome-de-classe> | <nome-de-interface>
```

2. na definição de uma classe que implementa aquele tipo, como no caso da classe C2.

```
definição-de-classe
class <nome-de-classe> [ extends <superclasse> ]
                       [ implements <lista-de-interfaces> ] {
        <definição-de-atributos>
        <definição-de-métodos>
}
```

A cláusula **implements** especifica as interfaces implementadas pela classe. Essa implementação consiste na definição das operações especificadas nas interfaces, através de métodos com as mesmas assinaturas definidas nessas interfaces.

Caso uma classe não implemente alguma operação de suas interfaces o método correspondente fica implicitamente definido como abstrato e, consequentemente, a classe também se torna abstrata, ainda que não se utilize o modificador **abstract**.

9.4 Exemplo de Aplicação

Para mostrar como o uso de interfaces pode tornar nossas aplicações mais flexíveis, vamos voltar ao caso da evolução dos serviços da biblioteca descrito no Capítulo 7.

A raiz do nosso problema não está na hierarquia dos itens da biblioteca e sim na classe **Usuario**! Essa classe utiliza a classe **Livro** (ou **Item**) como sua parceira em todas as operações de empréstimo e bloqueio. Em consequência disso, tudo o que for "emprestável" tem que ser desse (**Livro** ou **Item**) ou de um de seus subtipos. No momento em que queremos tornar outros objetos também "emprestáveis" somos forçados a incluí-los na mesma hierarquia.

A solução através de interfaces é simples:

i.   definimos uma interface **ItemEmprestavel**, com todas as operações que podemos precisar para um item que possa ser objeto de um empréstimo.

O código seguinte implementa essa interface, que deve estar contida num arquivo de nome **ItemEmprestavel.java**:

```java
import java.util.Date;
interface ItemEmprestavel {
    boolean isDisponivel();
    boolean isEmprestado();
    boolean isBloqueado();
    boolean isEmAtraso();
    boolean isReservado();
    boolean bloqueia (Usuario u, int prazo);
    boolean desbloqueia (Usuario u);
    boolean reserva (Usuario u, Date dt, int prazo);
    boolean cancelaReserva (Usuario u);
    boolean empresta (Usuario u, int prazo);
    boolean retorna (Usuario u);
    String  toString ();
}
```

Note que essa interface inclui a interface pública da classe **Livro**, acrescida dos métodos **isReservado(), reserva()** e **cancelaReserva()**, necessários para itens como mídias de vídeo e CDs.

170 • Programação Orientada a Objetos Usando Java™

ii. a classe **Usuario** faz sua "parceria" com essa interface, ao invés de **Livro**. Para isso basta substituir todas as ocorrências da classe **Livro** pela interface **itemEmprestavel**. Podemos, eventualmente, incluir na classe as operações relativas à reserva de itens.

iii. incluímos a classe **Livro** na hierarquia da interface **itemEmprestavel**, alterando sua cláusula **class** e acrescentando a implementação dos novos métodos incluídos nessa interface:

```
class Livro implements ItemEmprestavel {
    ...
    public boolean isReservado() { return false; }
    public boolean reserva (Usuario u, Date dt, int prazo)
        { return false; }
    public boolean cancelaReserva (Usuario u)
        { return false; }
    ...
}
```

iv. para tornar "emprestáveis" objetos de qualquer outra classe, temos duas alternativas: (i) incluímos a classe na hierarquia de **Livro**, se for apropriado, ou (2) fornecemos uma implementação para a interface **ItemEmprestavel** na classe daquele objeto ou numa superclasse da mesma.

Poderíamos definir, por exemplo, as classes:

```
class Multimidia implements ItemEmprestavel {
    ...
}
```

e

```
class SalaDeEstudo implements ItemEmprestavel {
    ...
}
```

v. em nossa aplicação, podemos tratar objetos de todas essas classes, já que são vistos pela classe **Usuario** como de um mesmo tipo, embora pertençam a hierarquias de classes distintas.

9.5 Hierarquias de Interfaces x Hierarquias de Classes

Resumindo o que vimos anteriormente, uma interface especifica um tipo abstrato de dados e uma classe fornece uma implementação para uma ou mais interfaces. As interfaces representam um nível de abstração superior ao das classes: podemos projetar e definir todas as interfaces de uma aplicação antes de nos preocuparmos com a sua implementação. O projeto e definição das classes que irão implementar essas interfaces pode ser feito numa etapa posterior, quando então iremos considerar os aspectos práticos de sua implementação.

Essa separação entre o projeto de interfaces e o projeto das classes de uma aplicação é análoga à separação entre o projeto arquitetônico e o projeto de engenharia de uma construção. Um projeto arquitetônico é altamente abstrato, se concentrando na funcionalidade que a construção deverá oferecer aos seus usuários: quantidade de cômodos, área útil, circulação, estética, iluminação, etc. São aqueles aspectos da construção visíveis para seus usuários, isto é, sua "interface pública". Um mesmo projeto arquitetônico pode ser concretizado em vários projetos de engenharia, que irão considerar o orçamento da obra, o padrão de qualidade exigido, os materiais e equipamentos disponíveis, etc., isto é, suas possíveis "classes de implementação".

A definição de arquiteturas de software baseadas em projetos de interfaces é uma realidade em diversas áreas. CORBA (*Common Object Request Broker Architecture*) é um dos exemplos mais marcantes.

9.6 Relações entre Objetos, Classes e Interfaces

Na figura 9.3 estão representadas as relações permitidas em Java entre um objeto, sua classe, suas superclasses e as respectivas interfaces, conforme explicado a seguir.

Podemos distinguir três níveis de abstração para uma aplicação:

i. No nível mais baixo (mais concreto), que é o da execução da aplicação, os objetos interagem para realizar uma determinada tarefa. O comportamento de cada objeto é determinado pela sua classe concreta, da qual é instanciado.

ii. No nível intermediário de abstração, que é o da implementação, temos classes, concretas ou abstratas, que modelam o comportamento dos objetos da aplicação. Uma classe pode estender o comportamento definido para uma outra classe (herança simples entre classes) e implementar um número qualquer de tipos especificados através das suas interfaces (herança múltipla de interfaces).

iii. No nível mais alto (mais abstrato), que é o do projeto da aplicação, estão as interfaces, que especificam os tipos abstratos de dados da aplicação. Uma interface pode especificar um subtipo, estendendo as operações características de outros tipos já definidos (herança múltipla entre interfaces).

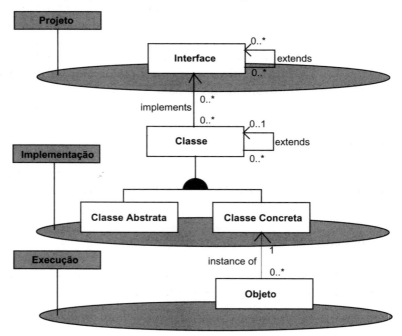

Figura 9.3: Relações entre Objetos, Classes e Interfaces.

Note que a única relação obrigatória é a de instanciação: um objeto deve, necessariamente, ser instância de uma única classe concreta. Todas as demais relações são opcionais: uma classe pode herdar de outra classe (sejam elas concretas ou abstratas) e uma classe ou interface pode implementar um número qualquer de interfaces.

9 Interfaces • **173**

Classes concretas que não herdam de outras classes nem implementam interfaces são, portanto, o nível de menor abstração possível em Java. No primeiro estudo de caso, trabalhamos apenas nesse nível. No extremo oposto estão as hierarquias de interfaces, que constituem o nível máximo de abstração em Java.

Hierarquias de classes, com ou sem classes abstratas, estão num nível intermediário de abstração. No segundo estudo de caso, trabalhamos nesse nível intermediário.

Em geral, um projeto que parte de um nível de abstração mais elevado e se concretiza gradualmente, em níveis de abstração decrescentes, resulta em produtos mais consistentes e flexíveis do que os obtidos por uma implementação mais direta. Quanto maior o porte e a complexidade dos produtos, mais essas vantagens se tornam aparentes.

Recomendação N° 5
Todo tipo abstrato de dados deve ser especificado por uma definição de interface.

Uma primeira vantagem do uso de interfaces é explicitar a definição dos tipos abstratos de dados, dando maior clareza ao projeto da aplicação. A definição de um tipo abstrato de dados implementado diretamente numa classe, sem utilizar interfaces, fica implícita nas definições dessas classes, mesclando-se com detalhes de implementação e definições de métodos auxiliares de implementação, que não pertencem à especificação do tipo.

Recomendação N° 6
Uma classe só deve implementar as operações características dos tipos de suas interfaces, não podendo definir nenhum método público estranho a essas interfaces.

Outra vantagem importante, já mencionada no início deste capítulo (Seção 9.2), é a diminuição da dependência entre as classes da aplicação a partir da utilização dos nomes das interfaces para especificar os tipos dos atributos e métodos das classes, ao invés de utilizar nomes de classes.

174 • Programação Orientada a Objetos Usando Java™

Recomendação Nº 7
Os tipos abstratos de dados utilizados por uma classe devem ser declarados pelos nomes das interfaces que os especificam e não pelos nomes das classes que os implementam.

9.7 Exercícios de Fixação

1. Escreva os códigos abaixo nos respectivos arquivos I1.java, C1.java e Principal.java. Estude o código do método main( ) da classe Principal. Que conclusões você consegue tirar desse pequeno trecho de código? Compile os três arquivos e execute a classe Principal. Modifique o método m1( ) da classe C1 para o seguinte: public void m1(); Compile novamente o arquivo C1.java. Tente explicar o que aconteceu. Antes de prosseguir para o próximo item, desfaça a alteração feita

```
// I1.java
public interface I1 {
       public void m1();
}
// C1.java
public class C1 implements I1 {

       public void m1() {
              System.out.println("Metodo m1() executado!");
       }
}
// Principal.java
public class Principal {
       public static void main(String args[]) {
              I1 obj = new C1();
              obj.m1();
       }
}
```

2. Crie uma nova classe chamada **C2** que também implementa a interface I1. Adicione ao método **main**( ) da classe Principal código responsável por criar uma variável chamada obj2 do tipo **I1** e inicializá-la com um objeto do tipo **C2**. Adicione também código responsável por chamar o método **m1**( ) de obj2. Compile as classes C2 e Principal e execute a última.

3. Defina uma nova interface chamada I2. Essa interface deve definir apenas um método, m2( ), que não recebe parâmetros de entrada e retorna void. Modifique a classe C1 para que ela implemente a interface I2. Altere o método

9 Interfaces • **175**

main( ) da classe Principal para que crie uma variável chamada obj3 do tipo I2 e a inicialize com um objeto do tipo C1. Adicione código para chamar o método m2( ) de obj3. Compile as classes C1 e Principal e execute a última.

4. Abra os arquivos I3.java e C3.java. Modifique a interface I3 para que estenda a interface I1. Compile a classe C3. Por que a compilação falha? Corrija o problema e recompile a classe C3. Altere o método main( ) da classe Principal para que crie uma variável obj4 do tipo I3 inicializada com um objeto do tipo C3. Adicione código que chama os métodos m1( ) e m3( ) de obj4. Compile e execute a classe Principal. Modifique a interface I3 para que estenda também a interface I2. Compile novamente a classe C3. Por que a compilação falha?

```
// I3.java
public interface I3 {
        public void m3();
}
// C3.java
public class C3 implements I3 {
        public void m3() {
                System.out.println("Metodo m3() executado!");
        }
}
```

5. Escreva os códigos abaixo nos respectivos arquivos I4.java, I5.java, C4.java e Principal2.java. Compileos e execute a classe Principal2. Adicione ao método main( ) da classe Principal2 uma linha que chama o método m5( ) a partir do objeto obj. Compile novamente a classe Principal2. Por que ocorreu um erro? Modifique o tipo da variável obj para C4. Recompile o arquivo, executeo e explique.

```
// I4.java
public interface I4 {
        public void m4();
}
// I5.java
public interface I5 {
        public void m5();
}
// C4.java
public class C4 implements I4, I5 {
        public void m4() {
                System.out.println("Metodo m4() da classe C4 executa-
do!");
        }
```

176 • Programação Orientada a Objetos Usando Java™

```
}
// Principal2.java
public class Principal2 {
        public static void main(String args[]) {

                I4 obj = new C4();
                obj.m4();
        }
}
```

6. Escreva os códigos abaixo nos respectivos arquivos IRepositorioContas.java, Repositorio.java, RepositorioContasVector.java, RepositorioContasArray. java compile e execute a classe Principal3. As classes RepositorioContasVector e RepositorioContasArray são responsáveis pelo armazenamento das contas e diferem com relação às suas implementações: a primeira é implementada através de um objeto do tipo Vector (um array dinâmico) enquanto a segunda usa arrays simples. Ambas implementam a interface IRepositorioContas. No método main( ) da classe Principal3, coloque em comentário o trecho de código rotulado "Alternativa 1" e descomente o trecho rotulado "Alternativa 2". Compile e execute a classe Principal3. Explique o que aconteceu.

```
// IRepositorioContas.java
public interface IRepositorioContas {
        public boolean inserir(ContaCor cc);
        public boolean remover(int num);
        public ContaCor procurar(int num);
        public boolean atualizar(ContaCor cc);
}
// Repositorio.java
public abstract class Repositorio {

        public boolean atualizar(ContaCor c) {
                int num = c.getNumConta();
                boolean ok = remover(num);
                if (ok) {
                        ok = inserir(c);
                }

                return ok;
        }

        public abstract boolean inserir(ContaCor c);

        public abstract boolean remover(int num);

}
// RepositorioContasVector.java
```

9 Interfaces • 177

```java
public class RepositorioContasVector extends Repositorio implements IRe-
positorioContas {
        private Vector<ContaCor> elementos;
        private static final int NAO_ENCONTRADO = -1;
        public RepositorioContasVector() {
                elementos = new Vector<ContaCor>();
        }
        public boolean inserir(ContaCor c) {
                elementos.add(c);
                return true;
        }
        public ContaCor procurar(int numConta) {
                ContaCor retorno = null;
                int i = obterIndiceElemento(numConta);
                if (i != NAO_ENCONTRADO) {
                        retorno = (ContaCor) elementos.elementAt(i);
                }
                return retorno;
        }
        private int obterIndiceElemento(int numConta) {
                int indice = 0;
                boolean achou = false;

                while (indice < elementos.size() && !achou) {
                        ContaCor c = (ContaCor) elementos.
elementAt(indice);
                        if (c.getNumConta() == numConta) {
                                achou = true;
                        } else {
                                indice++;
                        }
                }
                if (!achou) indice = NAO_ENCONTRADO;
                return indice;
        }
        public boolean remover(int numConta) {
                boolean retorno = false;
                int i = obterIndiceElemento(numConta);
                if (i != NAO_ENCONTRADO) {
                        elementos.remove(i);
                        retorno = true;
                }
                return retorno;
        }
}
// RepositorioContasArray.java
public class RepositorioContasArray extends Repositorio implements IRepo-
sitorioContas {
        private ContaCor[] elementos;
        private static final int NAO_ENCONTRADO = -1;
        private static final int MAX_ELEMENTOS = 20;
        private int contador = 0;
        public RepositorioContasArray() {
```

178 • Programação Orientada a Objetos Usando Java™

```java
elementos = new ContaCor[MAX_ELEMENTOS];
    }
    public boolean inserir(ContaCor c) {
        boolean retorno = false;
        if (contador < MAX_ELEMENTOS) {
            elementos[contador] = c;
            contador++;
            retorno = true;
        }
        return retorno;
    }
    public ContaCor procurar(int numConta) {
        ContaCor retorno = null;
        int i = obterIndiceElemento(numConta);
        if (i != NAO_ENCONTRADO) {
            retorno = elementos[i];
        }
        return retorno;
    }
    private int obterIndiceElemento(int numConta) {
        int indice = 0;
        boolean achou = false;
        while (indice < contador && !achou) {
            ContaCor c = elementos[indice];
            if (c.getNumConta() == numConta) {
                achou = true;
            } else {
                indice++;
            }
        }
        if (!achou) indice = NAO_ENCONTRADO;
        return indice;
    }
    public boolean remover(int numConta) {
        boolean retorno = false;
        int i = obterIndiceElemento(numConta);
        if (i != NAO_ENCONTRADO) {
            // "puxa" os elementos do array para trás (para
não deixar um
            // espaço vazio no array).
            while (i < contador - 1) {
                elementos[i] = elementos[i + 1];
                i++;
            }
            contador--;
            retorno = true;
        }
        return retorno;
    }
}
// Principal3.java
public class Principal3 {
    public static void main(String args[]) {
```

```
// Alternativa 1
            RepositorioContasArray rep = new RepositorioContasAr-
ray();
            // Alternativa 2
            // RepositorioContasVector rep = new RepositorioContas-
Vector();

            CadastroContas cad = new CadastroContas(rep);

            ContaCor cc = new ContaCor("Fernando", 0, 1, 1);
            if (cad.inserir(cc) == true) {
                System.out.println("Conta 1 cadastrada com suces-
so. Saldo: " + cc.getSaldo(1));
            }
            cad.creditar(1, 200);
            ContaCor cc2 = cad.procurar(1);
            System.out.println("Conta " + cc2.getNumConta() + " en-
contrada. Saldo: " + cc2.getSaldo(1));
            cad.remover(1);
            if (cad.remover(1) == false) {
                System.out.println("Conta 1 removida com suces-
so.");
            }
        }
}
```

7. Observe que as classes RepositorioContasVector e RepositorioContasArray herdam de uma classe comum, Repositorio, com o fim de evitar repetição de código. Essa classe define um método concreto atualizar( ) e dois métodos abstratos, inserir( ) e remover( ), que também são definidos pela interface IRepositorioContas. Remova esses dois últimos métodos da classe Repositorio e recompile-a. Estude as declarações das três classes e corrija o erro de compilação sem precisar modificar a relação de herança entre elas e evitando repetição de código.

8. Escreva as classes abaixo nos respectivos arquivos, compile os arquivos e execute a classe Inicial. Crie uma interface chamada Motorizado que define um único método chamado ligar( ), que não recebe parâmetros e retorna void. Modifique as classes Carro e Caminhao para que implementem essa interface (os métodos implementados devem simplesmente imprimir uma mensagem na tela). Implemente um método ligarVeiculos( ) na classe FilaVeiculo que chama o método ligar( ) de cada veículo motorizado na fila.

180 • Programação Orientada a Objetos Usando Java™

- Dicas:

1. (i) se baseie na implementação do método mostraFila( ) definido na mesma classe;

2. (ii) *casting* e uso do operador instanceof podem ser necessários.

Insira código no método main( ) da classe Inicial para chamar ligarVeiculos( ) a partir de fila. Recompile FilaVeiculo e Inicial e execute a classe Inicial.

```java
// Veiculo.java
public abstract class Veiculo {
        private String marca;
        private String modelo;
        private String placa;
        private int anoModelo;
        public Veiculo(int ano, String mar, String mod, String pl) {
                marca = mar;

                modelo = mod;
                placa = pl;
                anoModelo = ano;
        }
        public void mostra() {
                System.out.println("Marca = " + marca);
                System.out.println("Modelo = " + modelo);
                System.out.println("Placa = " + placa);
                System.out.println("Ano Modelo = " + anoModelo);

        }
}
// Caminhao.java
public class Caminhao extends Veiculo {
        private int capacidade;
        private int numDeEixos;
        public Caminhao(int cap, int num, int ano, String mar, String
mod, String pl) {
                super(ano, mar, mod, pl);
                capacidade = cap;
                numDeEixos = num;
        }

    public void mostra() {
                System.out.println("\nTipo ---> Caminhao");
                System.out.println("Capacidade = " + capacidade);
                System.out.println("Numero de Eixos = " + numDeEixos);
                super.mostra();
        }
}
// Cargo.java
```

```java
public class Carro extends Veiculo {
      private int lotacao;
      private int numPortas;
      public Carro(int lot, int num, int ano, String mar, String mod,
String pl) {
            super(ano, mar, mod, pl);
            lotacao = lot;
            numPortas = num;
      }
      public void mostra() {
            System.out.println("\nTipo --> Carro");
            System.out.println("Lotação = " + lotacao);
            System.out.println("Numero de Portas = " + numPortas);

            super.mostra();
      }
}
// FilaVeiculo.java
public class FilaVeiculo {
      private Veiculo veiculos[];
      private boolean vazia = true;

      private int ultimaPosicao = 0;
      public FilaVeiculo() {
            veiculos = new Veiculo[50];
      }
      public boolean Vazia() {
            return vazia;

      }
      public void adicionaVeiculo(String tipo, int p1, int p2, int ano,
String mar, String mod,
                        String pla) {
            if (ultimaPosicao <= 50) {

                  if (tipo.equalsIgnoreCase("Carro")) {
                        veiculos[ultimaPosicao] = new Carro(p1,
p2, ano, mar, mod, pla);
                  } else {
                        if (tipo.equals("Caminhao")) {
                              veiculos[ultimaPosicao] = new
Caminhao(p1, p2, ano, mar, mod, pla);
                        } else {
                              System.out.println("A Fila contém
apenas Carro ou Caminhão\n");
                        }
                  }
            } else {
                  System.out.println("O veiculo não poderá ser adi-
cionad, pois a fila está cheia");
            }
            ultimaPosicao++;
            vazia = false;
      }
      public void mostraFila() {
```

182 • Programação Orientada a Objetos Usando Java™

```java
for (int i = 0; i < ultimaPosicao; i++) {
                    veiculos[i].mostra();
        }
    }


}
// Inicial.java
public class Inicial {

    public static void main(String[] args) {
        FilaVeiculo fila;
        fila = new FilaVeiculo();
        System.out.println("\nA Fila de Veiculos contem:");
        fila.adicionaVeiculo("Carro", 5, 2, 1999, "VOLKSWAGEN",
"GOL", "EST3245");
        fila.adicionaVeiculo("Caminhao", 15000, 3, 1997, "VOLKSWA-
GEN", "TITAN", "KED9871");
        fila.adicionaVeiculo("Carro", 5, 1, 1998, "FIAT", "PALIO",
"JKU2171");
        fila.adicionaVeiculo("Carro", 5, 5, 2001, "FORD", "FIES-
TA", "JNM2464");
        fila.adicionaVeiculo("Caminhao", 10000, 2, 2000, "FORD",
"CARGO", "KMG4171");
        fila.adicionaVeiculo("Carro", 4, 2, 2001, "CHEVROLET",
"CELTA", "JGH5432");
        fila.adicionaVeiculo("Caminhao", 8000, 4, 1996, "FORD",
"SCANIA", "DEY6429");
            if (!fila.Vazia()) {
                fila.mostraFila();
            } else {
                System.out.println("\n Fila está vazia \n");
            }
        }

}// fim classe Inicial
```

10 Tratamento de Exceções

Este capítulo apresenta inicialmente os fundamentos de tolerância a falhas, incluindo os conceitos de falha, erro, defeito, componente ideal tolerante a falhas, exceções e tratamento de exceções. Em seguida é descrito o mecanismo de tratamento de exceções de Java com exemplo de sua aplicação.

Ao final deste capítulo, o leitor deverá ser capaz de codificar métodos que devam lançar ou capturar exceções Java.

10.1 Motivação: Tolerância a Falhas

10.1.1 Conceitos de Falha, Erro e Defeito

Quando um componente de um sistema computacional ou o sistema como um todo deixa de oferecer as funcionalidades previstas ou o faz em desacordo com sua especificação, dizemos que ele tem um defeito (*failure*). Por exemplo, há um defeito num caixa eletrônico quando ele não permite que um cliente do banco realize um saque nas condições de seu contrato. Um defeito é, portanto, algo observável externamente a um componente ou sistema defeituoso.

Como o comportamento de cada componente de um sistema computacional é função do seu estado interno e das entradas que recebe, a ocorrência de um defeito pode ser associada a um estado interno que, sob determinadas entradas, provoca o defeito. Idealmente, todos os componentes de um sistema deveriam ser projetados e construídos de modo que nunca pudessem ser levados a um estado que propicie a ocorrência de defeito. Quando se observa tal estado, dizemos que há um erro (*error*) no componente. Por exemplo, o saque solicitado pelo cliente pode ser negado em função de um valor incorreto do saldo de sua conta. Um erro é, portanto, de natureza estática e interno ao componente do sistema, podendo ou não vir a provocar um defeito.

A causa de um erro é chamada de falha (*fault*). Por exemplo, um valor incorreto para o saldo da conta do cliente poderia ter sido causado por uma falha na transmissão dos dados entre o computador do banco e o caixa eletrônico. Uma falha é, portanto, um evento ou sequência de eventos que propicia o surgimento de um erro num componente do sistema.

A Figura 10.1 ilustra como esses três conceitos estão relacionados: a ocorrência de uma falha (Figura 10.1(a)) provoca um erro no estado do sistema (Figura 10.1(b)), que se propaga até afetar o seu comportamento, resultando num defeito (Figura 10.1(c)).

10.1.2 Sistemas Tolerantes a Falhas

Tolerância a falhas (*fault tolerance*) é definida como a capacidade de um sistema computacional de preservar suas funcionalidades, sem apresentar defeitos, mesmo na presença de falhas. As técnicas de tolerância a falhas em sistemas computacionais surgiram junto com os primeiros computadores e foram aplicadas extensivamente para aumentar a disponibilidade e confiabilidade dos componentes de hardware.

Com a utilização de computadores em sistemas chamados de missão crítica (*safety critical systems*), os requisitos de alta confiabilidade e disponibilidade tornaram-se primordiais. Aplicações em pesquisa espacial, controle de ferrovias, aviação, usinas nucleares e medicina foram, nas últimas décadas, os principais motivadores do desenvolvimento das técnicas de tolerância a falhas, que passaram a incluir também mecanismos de software.

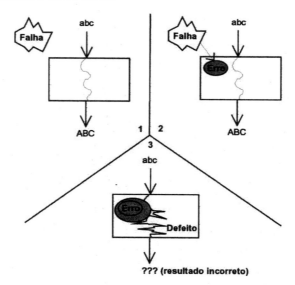

Figura 10.1: Falha, Erro e Defeito.

10 Tratamento de Exceções • **185**

A expansão do uso de computadores por praticamente todas as áreas de atividades em nossa sociedade elevou os riscos associados a inúmeros outros sistemas, justificando a rápida expansão das técnicas de tolerância a falhas para além da fronteira dos sistemas de missão crítica.

Se considerarmos ainda a interação entre os aspectos de usabilidade e tolerância a falhas - falhas provocadas por problemas de usabilidade e vice-versa - podemos esperar, para um futuro próximo, que a presença de mecanismos de tolerância a falhas nos novos sistemas torne-se tão corriqueira quanto o uso de interfaces gráficas.

Tão ou mais importante que a adoção de técnicas de tolerância a falhas é a sua prevenção (*fault prevention*), através de técnicas e métodos adequados aplicados na análise, projeto, programação, testes e funcionamento de um sistema computacional.

10.1.3 Tratamento de Exceções

O significado mais geral de exceção, segundo o dicionário Aurélio, é:

Exceção: Desvio da regra geral. Aquilo que se exclui da regra.

Em sistemas de computação, uma exceção pode modelar uma condição de erro detectada pelo sistema. Por exemplo, se, ao efetuar a leitura de um setor do disco, o sistema operacional detecta alguma inconsistência nos dados lidos, através de um código CRC (*cyclic redundancy check*) por exemplo, dizemos que é lançada (ou levantada) uma exceção.

i. Uma vez lançada uma exceção, um sistema ideal tolerante a falhas deve prover os meios necessários para que as seguintes ações sejam executadas:

ii. identificar a causa do erro, ou seja, diagnosticar qual a falha que provocou o estado errôneo;

iii. determinar qual o agente da falha, ou seja, identificar que componente do sistema, ou qual agente externo, falhou;

iv. isolar o agente que falhou, ou seja, desfazer as conexões que ligam o componente, ou agente externo, ao sistema, para evitar que a falha continue a afetar o sistema;

186 • Programação Orientada a Objetos Usando Java™

v. determinar a extensão do erro, ou seja, identificar as partes do estado do sistema que foram afetadas;

vi. recuperar o estado do sistema, ou seja: corrigir o estado interno do sistema, para eliminar o erro;

vii. reconfigurar o sistema, de forma a permitir a retomada do processamento normal sem o componente, ou agente externo, que falhou;

viii. reiniciar o processamento normal.

Esse conjunto de ações é denominado, genericamente, tratamento de exceções. A Figura 10.2 ilustra o lançamento de uma exceção, quando detectado um erro, e o tratamento dessa exceção, isolando o agente que falhou e recuperando o estado correto do sistema.

Voltando ao exemplo da exceção levantada por um erro de leitura do disco, um possível tratamento dessa exceção seria:

i. efetuar uma nova leitura do mesmo setor do disco para verificar se é uma falha intermitente, por exemplo, ocorrida na transmissão dos dados entre o disco e o sistema, ou se é uma falha permanente;

ii. se for uma falha permanente, efetuar a leitura de outros setores variando a sua localização no disco, para identificar se a falha é no setor, numa trilha do disco, numa cabeça de gravação ou no dispositivo como um todo;

iii. alterar o mapa do disco marcando os setores defeituosos para impedir outros acessos aos mesmos;

iv. verificar em todos os buffers do sistema se existem dados lidos dos setores considerados defeituosos;

v. invalidar todos os buffers que contenham tais dados;

vi. na tabela de alocação de arquivos, substituir por outros setores do disco os setores defeituosos que pertenciam a algum arquivo, recuperando seus dados a partir de uma cópia atualizada dos mesmos;

vii. efetuar a leitura do setor que substituiu o que levantou a exceção, e prosseguir na execu-ção normal do sistema, como se a falha não houvesse ocorrido.

10.1.4 Componente Ideal Tolerante a Falhas

Arquiteturas de sistemas em camadas são apropriadas para a introdução de mecanismos de tolerância a falhas, pois esse estilo arquitetural permite particionar o modelo de falhas do sistema como um todo em diversos modelos menores e mais fáceis de serem tratados. Isso é possível porque o sistema é estruturado de tal maneira que cada camada só precisa conhecer e tratar as falhas provenientes da camada imediatamente inferior. Num sistema de banco de dados, por exemplo, a camada mais inferior pode incluir o tratamento de falhas de leitura ou gravação, provendo os mecanismos para recuperação desse tipo de falha. Com isso, as camadas superiores, como a interface com os usuários, podem excluir esse tipo de falha do seu modelo de falhas.

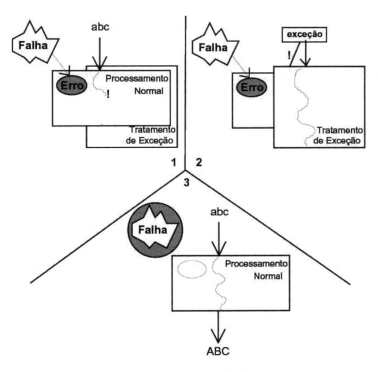

Figura 10.2: Tratamento de Exceção.

Lee e Anderson [Lee90] definem um modelo geral para componentes de software tolerantes a falhas utilizando esse mesmo princípio. Um componente qualquer do sistema é visto como um fornecedor de serviços, que responde a requisições que recebe. A resposta a uma requisição pode ser normal ou anormal. Uma resposta anormal é resultado de alguma falha que não pode ser tratada pelo componente. Simetricamente, quando um componente requisita um serviço, pode receber uma resposta normal ou anormal, devendo conter mecanismos para o tratamento de ambos os tipos de respostas.

A Figura 10.3 apresenta esquematicamente esse modelo de componente, denominado componente ideal tolerante a falhas.

10.1.5 Mecanismos de Tratamento de Exceções

A maior parte das linguagens de programação utilizadas em aplicações comerciais não oferece um suporte adequado para tratamento de exceções, prevendo apenas a interrupção do processamento quando um erro grave é detectado. Essas interrupções podem significar grandes prejuízos, como a impossibilidade de se realizar transações essenciais para o negócio do cliente, e custos de operação e suporte técnico elevados, para diagnóstico das falhas, recuperação do estado da aplicação e reinício do processamento.

Em aplicações críticas, como no controle de tráfego aéreo, essas interrupções podem ser intoleráveis, exigindo a utilização de linguagens de programação que permitam o tratamento das exceções automaticamente pelo próprio sistema, de modo a mantê-lo em operação contínua e segura.

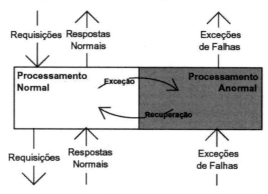

Figura 10.3: Componente Ideal Tolerante a Falhas.

Ada e C são exemplos de linguagens de programação antigas que oferecem suporte para mecanismos para tratamento de exceção e, por isso mesmo, ainda são as mais utilizadas no desenvolvimento de aplicações com requisitos de tolerância a falhas elevados. A inclusão desse tipo de mecanismo é uma clara tendência em todas as linguagens mais modernas, incluindo Java.

Os mecanismos de tratamento de exceções existentes nessas linguagens, porém, diferem entre si. Nas seções seguintes, iremos apresentar resumidamente alguns dos aspectos mais relevantes de tais mecanismos, cuja compreensão é indispensável para sua correta utilização.

10.1.6 Representação das Exceções

Um dos objetivos dos mecanismos de tratamento de exceções é simplificar o código-fonte através da separação das rotinas de tratamento das exceções daquelas responsáveis pelo processamento normal. Sendo assim, uma vez detectada uma condição excepcional, esta deve ser codificada e deve ser criada uma representação da mesma que possa ser tratada em outro ponto do programa. Isso pode ser feito de duas formas:

i. utilizando-se um conjunto de símbolos que identificam genericamente o tipo da exceção, como IO_ERROR e OVERFLOW; ou

ii. utilizando-se uma representação mais específica de cada tipo de exceção, como mensagens ou objetos com atributos descritivos da exceção.

Em Java, as exceções são representadas como objetos, o que oferece uma maior flexibilidade e permite a inclusão de informações relativas ao contexto em que ocorreu a exceção.

10.1.7 Assinaturas de Métodos

As linguagens orientadas a objetos divergem no que diz respeito a se os tipos das exceções que podem ser recebidas como consequência da chamada de um método (*exceções externas*) devem fazer parte da assinatura desse método, tal como ocorre com o tipo do seu resultado normal. Para essa questão, há quatro alternativas possíveis:

190 • Programação Orientada a Objetos Usando Java™

i. não incluir na assinatura do método os tipos de suas exceções externas;

ii. permitir, opcionalmente, que os tipos de exceções externas sejam incluídos na assinatura do método;

iii. incluir, obrigatoriamente, todos os tipos de exceções externas na assinatura do método;

iv. incluir, obrigatoriamente, apenas alguns tipos de exceções externas e deixar opcional a inclusão dos outros tipos na assinatura do método (modelo híbrido).

A obrigatoriedade dessa inclusão visa assegurar que as exceções sejam tratadas de maneira explícita pelos programas, eliminando-se a ocorrência de exceções para as quais não esteja previsto um tratamento adequado. Por outro lado, tal obrigatoriedade implica na proliferação de rotinas de tratamento de exceções.

Java utiliza um modelo híbrido onde algumas classes de exceções externas devem ser obrigatoriamente incluídas nas assinaturas dos métodos e as demais podem ser incluídas opcionalmente.

10.1.8 Contextos dos Tratadores de Exceções

Mecanismos de tratamento de exceções mais rudimentares como o do sistema operacional MS-DOS, baseado em interrupções, permitem que se declare apenas uma rotina de tratamento para cada tipo de exceção, independentemente do contexto onde ela venha ocorrer. Qualquer exceção do tipo ARITHMETIC_OVERFOW, por exemplo, é tratada por uma mesma rotina, que deve ser capaz de recuperar o contexto onde a exceção ocorreu e decidir pela ação a ser adotada naquele caso.

Os mecanismos mais sofisticados permitem definir vários tratadores para um mesmo tipo de exceção, cada qual associado a um determinado contexto de execução. Dependendo do mecanismo, nas linguagens orientadas a objeto esse contexto pode ser desde toda uma classe até um único comando da linguagem. Quanto menor a granularidade permitida, mais especializados e, consequentemente, mais simplificados podem ser os tratadores.

Em Java, os tratadores de exceções são associados a blocos de comandos, que podem conter desde um único comando até todo o corpo de um método.

10.1.9 Propagação de Exceções

Como já vimos anteriormente, uma exceção deve ser tratada num ponto do programa o mais próximo possível daquele em que foi criado. Idealmente, o tratador deve estar no mesmo método que criou a exceção, de modo a produzir o resultado normal esperado pela chamada do método e evitar que uma resposta excepcional seja recebida por quem o chamou. Se isso não for possível, a exceção deve ser tratada por quem chamou o método.

Alguns mecanismos de tratamento de exceções exigem que isso aconteça dessa forma. Ou seja, para toda chamada de método cuja assinatura declare algum tipo de exceção externa, deve haver um tratador apropriado no método que faz a chamada.

Outros mecanismos de tratamento de exceções permitem que esses tratadores sejam omitidos, propagando automaticamente as exceções para as quais não sejam encontrados tratadores apropriados no método anterior da pilha de execução.

O mecanismo de tratamento de exceções de Java permite que exceções sejam propagadas automaticamente, o que exige uma disciplina mais rígida por parte do programador para evitar que isso ocorra de maneira indiscriminada.

10.1.10 Continuação do Fluxo de Controle

Um dos aspectos mais importantes de um mecanismo de tratamento de exceções é como a sequência de execução do programa é afetada após o lançamento de uma exceção. Existem dois modelos básicos: o modelo de continuação (*resumption*) e o de terminação (*termination*). Em ambos os modelos, o lançamento de uma exceção desvia o fluxo de execução para um tratador apropriado. O que os distingue é a sequência do fluxo de execução após o término do tratador.

No modelo de continuação, a execução prossegue a partir do comando seguinte ao que provocou a exceção, ou seja: o fluxo de execução normal é mantido, como se não houvesse ocorrido a exceção. Supõe-se, nesse caso, que o tratador executado é capaz de mascarar a exceção, de modo, que o processamento continue como se ela não houvesse ocorrido.

No modelo de terminação, a execução prossegue a partir do final do bloco que contém o comando que provocou a exceção, ou seja, o fluxo de execução normal é interrompido no ponto em que ocorreu a exceção e reiniciado a partir do próximo bloco. Supõe-se, nesse caso, que a ocorrência de uma exceção pode invalidar parte do fluxo normal de execução, que deve ser retomado em algum ponto mais adiante.

O modelo de terminação é mais realista, pois raramente o fluxo normal de execução pode ser mantido inalterado após uma exceção. Além disso, caso o bloco contenha um único comando, a sequência de execução no modelo de terminação é equivalente à do modelo de continuação. Por tudo isso, esse modelo é considerado superior e é o adotado por Java.

10.2 Tratamento de Exceções em Java

10.2.1 A Hierarquia de Classes de Exceções

As exceções em Java são representadas por objetos das classes da hierarquia de *Throwable*, representada na Figura 10.4.

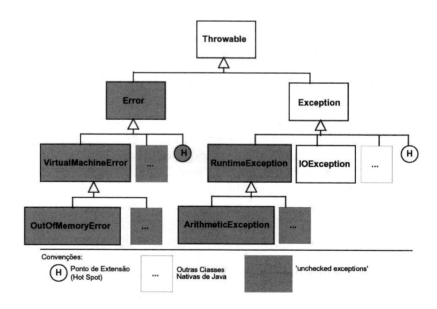

Figura 10.4: Hierarquia de Classes Throwable.

Embora seja possível instanciar objetos da classe Throwable, normalmente as exceções são instanciadas sempre a partir de suas subclasses, por exemplo, *Error*, `Exception` e `RuntimeException`.

A classe *Error* abrange as exceções catastróficas que geralmente não podem ser tratadas pela aplicação, tal como uma condição de erro na própria máquina virtual Java (`VirtualMachineError`). A classe *Exception* abrange as exceções da aplicação, que podem ser capturadas e tratadas pela aplicação, tais como um erro de I/O (`IOException`) ou uma divisão por zero (`ArithmeticException`). A classe `RuntimeException`, derivada de *Exception*, abrange as exceções lançadas pela máquina virtual Java em consequência de erros no código do programa, tais como o uso de uma referência nula (`NullPointerException`) ou uma divisão por zero (`ArithmeticException`).

As exceções das classes `Error` e `RuntimeException` e suas respectivas subclasses, são ditas "unchecked" (não verificadas) pois Java não obriga que sejam tratadas pelo programa, embora isso possa (e muitas vezes deva) ser feito.

Já para as exceções das outras subclasses de `Exception` é obrigatória, nos métodos onde possam ocorrer tais exceções, a existência de tratadores apropriados (estruturas `try / catch`) ou, alternativamente, a inclusão das classes de exceções nas assinaturas daqueles métodos, como veremos adiante neste capítulo.

10.2.2 Criando e Lançando Exceções

As exceções definidas por uma aplicação normalmente são representadas por objetos da classe `Exception` ou de subclasses da mesma definidas pela aplicação para incluir atributos e métodos específicos daquele tipo de exceção.

Eventualmente uma aplicação também pode definir exceções derivadas da classe `Error`, se consideradas irrecuperáveis, o que deve ser evitado sempre que possível.

Antes de lançar uma exceção, precisamos criar o objeto da classe que descreve a exceção. Para isso utilizamos o comando *new*, como para qualquer outro objeto. O objeto criado pode então ser lançado através do comando `throw` , de acordo com a seguinte sintaxe:

```
comando-throw

throw <instância-de-Throwable> ;
```

194 • Programação Orientada a Objetos Usando Java™

Normalmente isso é feito num mesmo comando, que cria e lança a exceção, como no exemplo abaixo:

```
if (... condição anormal X ...)
    throw new Exception("descrição de X");  // sinaliza a ocorrência de X
```

10.2.3 Definindo Tratadores de Exceções

Java permite a definição de tratadores de exceções associados a blocos de comandos, de modo que exceções de uma mesma classe possam ser tratadas diferentemente, dependendo do comando ou trecho de programa onde venham a ocorrer. Esses tratadores de exceções são definidos através de estruturas `try` / `catch`, de acordo com a seguinte sintaxe:

```
estrutura-try-catch
try { <procedimentos-normais> }
[ <tratadores-de-exceções> ]
[ finally { <procedimentos-finais> } ]
tratadores-de-exceções
catch ( <classe-de-exceção> <nome-de-parametro> )
      { <procedimentos-de-exceção> }
[ <tratamento-de-exceções> ]
```

O código seguinte ilustra o uso dessa estrutura:

```
try {
  System.out.println("Entrou no bloco try");
  if (... condição anormal X ...)
    throw new Exception("descrição de X");  // sinaliza a ocorrência de X
  System.out.println("Saiu normalmento do bloco try");
}
catch (Exception e) {
  System.out.println("Executando tratador da classe Exception");
}
finally {
  System.out.println("Executando bloco finally");
}
```

O primeiro bloco, logo após a palavra chave `try`, delimita os procedimentos para os quais o tratamento de exceções definido nessa estrutura será aplicado.

A cláusula `catch` define um tratador para uma classe de exceções especificada.

Uma estrutura `try` / `catch` pode conter diversos tratadores, para diferentes classes de exceções. Um bloco `catch` definido para uma classe genérica, como `Exception` ou `RuntimeException` por exemplo, pode tratar tanto as exceções daquela classe como de suas subclasses.

A busca do tratador para uma dada exceção se processa na ordem em que os blocos `catch` aparecem na estrutura, sendo selecionado o primeiro `catch` cuja classe abranja aquela exceção. Por esse motivo, havendo mais de um bloco `catch` para um mesmo bloco `try` eles devem estar ordenados do mais específico para o mais genérico, como no exemplo abaixo:

```
try { ... }
catch (ArithmeticException e) {
  // trata exceções ArithmeticException (subclasse de RuntimeException)
}
catch (RuntimeException e) {
  // trata outras exceções RuntimeException (subclasse de Exception)
}
catch (Exception e) {
  // trata todas as demais exceções da classe Exception
}
```

10.2.4 Especificando Ações de Limpeza

A cláusula opcional `finally` define procedimentos a serem executados incondicionalmente quando os procedimentos da estrutura `try` / `catch` são terminados, independentemente da ocorrência de alguma exceção. O fluxo de controle para tratamento das exceções de Java implementa o chamado modelo de terminação, conforme descrito a seguir.

Quando uma exceção é lançada, o bloco de procedimentos (`try`) que está sendo executado é interrompido e o processamento é desviado para a rotina de tratamento apropriada para aquela classe de exceção (`catch`).

Ao final dessa rotina de tratamento é executado o bloco `finally`, se houver. A Figura 10.5 ilustra essa sequência.

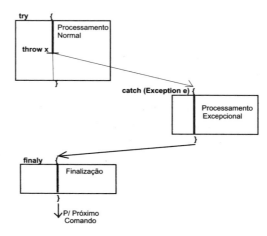

Figura 10.5: Fluxo Excepcional.

Ainda que não ocorra exceção no bloco `try`, não sendo executada nenhuma rotina de tratamento, o bloco `finally` também é executado antes de passar o controle para o comando seguinte (ver Figura 10.6). O bloco `finally` normalmente é usado para realizar ações que independem da ocorrência de uma exceção em um dado bloco de comandos. Por exemplo, em um sistema que escreve informações em um banco de dados, é necessário fechar a conexão com este último ao final da operação de escrita, independentemente da operação ter sido bem-sucedida ou não. Tendo isso em vista, o comando responsável por fechar a conexão deve ficar dentro de um bloco `finally`.

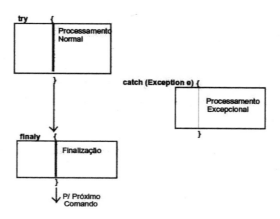

Figura 10.6: Fluxo Normal.

10.2.5 Propagação Automática de Exceções

Java não obriga a inclusão, no próprio método, de tratadores para as exceções que possam ocorrer durante a sua execução. Quando ocorre uma exceção num bloco try para a qual não há uma cláusula catch, a execução do bloco try é interrompida, o bloco finally correspondente é executado e a exceção é novamente lançada, agora como resultado da execução do bloco try / catch (ver Figura 10.7).

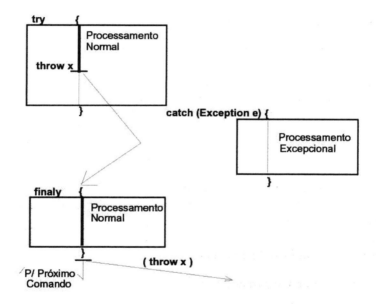

Figura 10.7: Propagação Automática de Exceção.

Caso esse bloco esteja aninhado em outro try / catch, o bloco try / catch mais, da mesma forma, poderá não possuir um tratador adequado para aquela exceção, repetindo-se o mesmo processo de propagação automática até encontrar um tratador apropriado numa estrutura try / catch mais externa ou alcançar um bloco de comandos que não esteja abrigado numa estrutura desse tipo.

Quando a exceção ocorre fora de um bloco try / catch (ou é propagada até lá) a execução do método correspondente é interrompida e a exceção é lançada como resultado da execução do método, a ser tratada por quem o chamou (exceção externa).

198 • Programação Orientada a Objetos Usando Java™

As exceções externas que não sejam derivadas das classes `Error` ou `RuntimeEx-ception` devem, obrigatoriamente, ser incluídas nas assinaturas dos métodos que as lançam. O fato de um método poder vir a lançar uma exceção é indicado da seguinte maneira:

```
assinatura-do-método
<tipo-de-resultado> <nome-de-método>
        (<lista-de-parametros>) [ throws <lista-de-exceções> ]
```

O código seguinte ilustra essa situação:

```java
import java.io.*;
class testio {
  void m1() throws FileNotFoundException {
    FileInputStream in=new FileInputStream("arquivo");
        // o comando acima pode causar uma exceção FileNotFoundException
  }
}
```

No trecho de código acima, como o método `m1()` pode vir a lançar uma exceção do tipo `FileNotFoundException`, esse fato é explicitamente indicado em sua assinatura, através da cláusula `throws FileNotFoundException`.

10.3 Exemplo de Uso de Exceções

10.3.1 Definição e Lançamento de Exceções

No estudo de caso do caixa automático, no Capítulo 4, especificamos que o método `getSaldo()`, da classe `ContaCor`, deve retornar -1 caso a conta não esteja ativa ou a senha fornecida não seja correta. Já o método `debitaValor()`, da mesma classe, retorna `false` em ambas situações. Esse tipo de convenção dificulta o entendimento do programa e propicia a introdução de erros na programação.

Uma alternativa seria definirmos uma nova classe de exceções para englobar as ocorrências desse tipo, como a seguir:

10 Tratamento de Exceções • 199

```
Class ContaCorException extends Exception {
    private int operacao;// operacao que criou a exceção
    public final int CREDITA_VALOR=1;
    public final int DEBITA_VALOR=2;
    public final int GET_SALDO=3;
    private int erro; // tipo de ocorrencia
    public final int CONTA_INATIVA=1;
    public final int VALOR_INVALIDO=2;
    public final int SALDO_INSUFICIENTE=3;
public final int SENHA_INVALIDA=4;
    // dados da operação
    private ContaCor conta; // conta corrente
    private String hist;    // historico
    public ContaCorException
        (int op, int e, ContaCor cc, String st) {
        operacao=op;
erro=e;
        conta=cc;
        hist=st;
    }
    public int getOperacao() { return operacao; }
    public int getErro()     { return erro; }
    public String toString() {
        return(new String("ContaCorException:"+
            " operacao="+operacao+" erro="+erro+
            "\n    conta="+conta+" hist="+hist));
    }
}
```

Podemos então alterar a classe `ContaCor` para que seus métodos lancem exceções da classe `ContaCorException`, ao invés de retornar códigos de erro. Como todo método que lança alguma exceção é obrigado a declarar em sua assinatura as classes das exceções que pode lançar, devemos alterar a definição do método `creditaValor`, substituindo:

```
public boolean creditaValor(String hist, float val) {
    ...
    }
```

por:

```
public void creditaValor(String hist, float val)
        throws ContaCorException {
    ...
    }
```

200 • Programação Orientada a Objetos Usando Java™

Como a condição `boolean` retornada pelo método servia exclusivamente para indicar se a operação foi concluída com sucesso, com o uso de exceções esse valor de retorno deixa de ter utilidade. O simples retorno da operação significará que foi completada com sucesso, enquanto operações inválidas ocasionarão o lançamento de exceções a serem tratadas em separado. Por esse motivo, podemos alterar o tipo do método para `void`.

Devemos também lançar as exceções nos pontos apropriados. No caso do método `creditaValor()`, por exemplo, substituiríamos a linha:

```
if (estado!=1) return(false);
```

por:

```
if (estado!=1) throw new ContaCorException(
      ContaCorException.CREDITA_VALOR,
      ContaCorException.CONTA_INATIVA, this, hist);
```

Note que a representação das exceções através de objetos permite que o método que lança uma exceção devolva para quem o chamou informações muito mais significativas sobre tal exceção do que um mero código numérico ou indicador de erro.

Deixamos como exercício para o estudante alterar os métodos das classes `Conta-Cor` e `ContaEsp` para que lancem todas as exceções necessárias.

10.3.2 Tratadores de Exceções

Quando chamamos um método que declara lançar exceções, Java exige que seja definido explicitamente qual o tratamento a ser dado a cada classe de exceções declarada na cláusula `throws` da interface do método chamado.

Para isso temos apenas duas alternativas: (i) fornecer, junto da chamada do método, uma rotina para tratamento dessas exceções ou (ii) deixar que a exceção se propague automaticamente pela pilha de execução.

No nosso exemplo do caixa automático, o método `consultaSaldo()` da classe `Caixa` chama o método `getSaldo()`, da classe `ContaCor`, da seguinte forma:

```
float consultaSaldo (int num, int pwd){
    ...
        return (cta.getSaldo(pwd)); // efetua consulta
```

Quando alteramos o método `getSaldo()` para lançar exceções, como fizemos na seção anterior, somos obrigados a alterar também o método `consultaSaldo()`, para prever o tratamento das exceções lançadas por `getSaldo()`.

Uma primeira possibilidade é definir o tratamento das exceções lançadas por `getSaldo()` junto da sua chamada, como a seguir:

```
float consultaSaldo (int num, int pwd){
    ...
        try {
            return (cta.getSaldo(pwd)); //efetua consulta
        }
        catch (ContaCorException e) {
            ... // incluir aqui o tratamento da exceção
        }
```

Nesse exemplo estamos tratando somente exceções do tipo `ContaCorException`.

A outra alternativa é propagar as exceções lançadas por `getSaldo()` para o nível superior. Neste caso, a assinatura do método `consultaSaldo()` deveria ser modificada para declarar essas exceções, como abaixo:

```
float consultaSaldo (int num, int pwd)
                    throws ContaCorException {
    ...
        return (cta.getSaldo(pwd)); // efetua consulta
```

10.4 Exercícios de Fixação

1. Escreva as classes MinhaExcecao, Principal e C1 nos respectivos arquivos e compileos. Java considera que uma exceção é simplesmente um objeto descendente de Throwable . Consequentemente, é possível criar instâncias de classes de exceção e chamar métodos a partir destas da mesma forma que seria feito com qualquer objeto. Estude o código do método main() da classe

202 • Programação Orientada a Objetos Usando Java™

Principal e em seguida execute essa classe. A classe MinhaExcecao define uma exceção verificada ou não verificada?

```java
// MinhaExcecao.java
public class MinhaExcecao extends Exception {
        private String attr;
        public MinhaExcecao() {
        }
        public MinhaExcecao(String nome) {
                super(nome);
                this.attr = nome;
        }
}
// Principal.java
public class Principal {
public static void main(String args[]) {
                MinhaExcecao me = new MinhaExcecao("Testando o lançamento
de exceções.");
                System.out.println(me.getMessage());
        }
}
// C1.java
public class Principal {
        public static void main(String args[]) {
                MinhaExcecao me = new MinhaExcecao("Testando o lançamento
de exceções.");
                System.out.println(me.getMessage());
        }
}
```

2. Insira a seguinte linha no final do método `main( )` da classe Principal:

    ```java
    throw me;
    ```

    Tente recompilála. Modifique a assinatura da classe **MinhaExcecao** para que esta passe a herdar da classe **RuntimeException**, ao invés de **Exception**. Recompile e execute a classe Principal. Explique porque a compilação funcionou desta vez. Torne **MinhaExcecao** subclasse de **Exception** novamente antes de passar para o próximo item.

3. Use a cláusula **throws** para indicar na assinatura do método **main( )** da classe Principal que este pode vir a lançar externamente uma exceção do tipo **MinhaExcecao**. Recompile e execute a classe Principal. Altere a assinatura do método **main( )** para indicar que ele pode lançar qualquer exceção (objetos do tipo **Exception**). Recompile a classe Principal e executea. A compilação

10 Tratamento de Exceções • **203**

funciona perfeitamente, já que **MinhaExcecao** é subclasse de **Exception**. Modifique novamente a assinatura do método **main( )** para indicar que ele lança exceções do tipo **MinhaExcecao**. Remova do corpo do método **main(**) a linha que lança a exceção representada pela variável **me** e inclua a seguinte linha em seu lugar:

throw new Exception("Novo teste de excecoes.");

Recompile a classe Principal. Por que a compilação não funciona?

4. Escreva as classes **ContaCor**, **SenhaInvalidaException**, **ContaCorExc** e **ExemploExceptionPrincipal** nos respectivos arquivos, compileos e execute a classe **ExemploExceptionPrincipal**. Modifique o código do método **getSaldo( )** da classe **ContaCor** para que este último lance a exceção **SenhaInvalidaException** quando a senha fornecida não conferir com a senha da conta. Recompile a classe **ContaCor** e reexecute a classe **ExemploExceptionPrincipal**. Note que nada mudou, já que Senha Invalida **Exception** é subclasse de **ContaCorExc**.

```
// ContaCor
public class ContaCor {
      private int estado; // 1=conta ativa 2=conta inativa
      private int senha;
      private int numConta;
      private String titular;
      private float saldoAtual;

      public static final int ATIVADA = 1;
      public static final int DESATIVADA = 2;

      public void creditaValor(float val) throws ContaCorExc {
            if (estado != ATIVADA)
                  throw new ContaCorExc(ContaCorExc.CREDITA_VALOR,
ContaCorExc.CONTA_INATIVA, this);
            if (val <= 0)
                  throw new ContaCorExc(ContaCorExc.CREDITA_VALOR,
ContaCorExc.VALOR_INVALIDO, this);
            saldoAtual += val; // credita valor
      } // fim creditaValor()

      public void debitaValor(float val, int pwd) throws ContaCorExc {
            if (estado != ATIVADA)
                  throw new ContaCorExc(ContaCorExc.DEBITA_VALOR,
ContaCorExc.CONTA_INATIVA, this);
            if (val <= 0)
```

204 • Programação Orientada a Objetos Usando Java™

```java
                     throw new ContaCorExc(ContaCorExc.DEBITA_VALOR,
ContaCorExc.VALOR_INVALIDO, this);
            if (pwd != senha)
                     throw new ContaCorExc(ContaCorExc.DEBITA_VALOR,
ContaCorExc.SENHA_INVALIDA, this);
            if (val > saldoAtual)
                     throw new ContaCorExc(ContaCorExc.DEBITA_VALOR,
ContaCorExc.SALDO_INSUFICIENTE, this);
            saldoAtual -= val; // debita valor
            if (saldoAtual == 0) // se saldo=0, torne a conta inativa
                    estado = DESATIVADA;
       }// fim debitaValor()

       public float getSaldo(int pwd) throws ContaCorExc {
            if (estado != ATIVADA)
                     throw new ContaCorExc(ContaCorExc.GET_SALDO, ContaCo-
rExc.CONTA_INATIVA, this);

            if (pwd != senha)
                     throw new ContaCorExc(ContaCorExc.GET_SALDO, Conta-
CorExc.SENHA_INVALIDA, this);
            return (saldoAtual);
       }// fim getSaldo()

       public ContaCor(String nome, float val, int num, int pwd) {
            titular = nome;
            numConta = num;
            senha = pwd;
            saldoAtual = val;
            estado = ATIVADA; // conta é ativada quando criada
       }// fim do método construtor ContaCor()

       public void mostraInformacoes(int pwd) throws ContaCorExc {
            String est = "Ativada.";
            if (this.estado == DESATIVADA) {
                    est = "Desativada.";
            }
            float saldo = getSaldo(pwd);

            System.out.println("Conta numero: " + numConta);
            System.out.println("Estado: " + est);
            System.out.println("Titular: " + titular);
            System.out.println("Saldo: " + saldo);
       }

}// fim da classe ContaCor

// ContaCorExc
public class ContaCorExc extends Exception {
      private int operacao; // operação que criou a exceção
      public int erro; // tipo de erro
      private ContaCor conta;
      // nome das operações
```

10 Tratamento de Exceções • 205

```java
        public final static int CREDITA_VALOR = 1;
        public final static int DEBITA_VALOR = 2;

        public final static int GET_SALDO = 3;
        // dados da operação
        public final static int VALOR_INVALIDO = 1;
        public final static int CONTA_INATIVA = 2;

        public final static int SALDO_INSUFICIENTE = 3;
        public final static int SENHA_INVALIDA = 4;
        public ContaCorExc(int op, int er, ContaCor cc) {
                operacao = op;
                erro = er;
                conta = cc;
        } // fim do construtor

        public int getOperacao() {return operacao;

        }
        public int getErro() {
                return erro;
        }
} // fim da classe ContaCorException

// SenhaInvalidaException
public class SenhaInvalidaException extends ContaCorExc {
        public SenhaInvalidaException(int op, int er, ContaCor cc) {
                super(op, er, cc);
        } // fim do construtor
} //
```

5. Inclua no último bloco **try/catch** do método **main( )** da classe **ExemploExceptionPrincipal** um novo tratador, responsável por tratar exceções do tipo **SenhaInvalidaException**. Esse tratador deve ser inserido depois do tratador que lida com exceções do tipo **ContaCorExc**. Inclua em cada tratador uma linha informando qual deles foi ativado. Por exemplo:

```java
System.out.println("Erro: SenhaInvalidaException");
```

Compile a classe **ExemploExceptionPrincipal**. Por que a compilação falhou? Mude a ordem dos tratadores (faça o tratador que lida com **SenhaInvalidaException** vir primeiro), recompile a classe **ExemploExceptionPrincipal** e executea. Adicione logo após o último tratador uma linha que imprime uma mensagem qualquer na tela. Recompile e execute a classe novamente. Explique porque essa nova linha foi executada.

6. Adicione o seguinte código no final do método **main( )** da classe **ExemploExceptionPrincipal**:

206 • Programação Orientada a Objetos Usando Java™

```
try{
conta2.mostraInformacoes(2);
} catch(ContaCorExc cce) {
System.out.println("Erro: Não é possível mostrar as informações da con-
ta."); }
```

Compile e execute a classe. Modifique para 1 o valor do argumento passado para o método **mostraInformacoes** ( ). Ao recompilar e executar a classe, uma exceção é lançada e a mensagem de erro acima é mostrada na tela. Como a exceção pode ter vindo de **mostraInformacoes** ( ) se esse método não lança nenhuma exceção (não executa nenhum comando **throw**) ?

11 Atributos e Métodos de Classe

Este capítulo apresenta os conceitos de atributos de classe e métodos de como se relacionam com os objetos e classes normais de uma aplicação. São apresentados também os conceitos de atributos e métodos de classe, classes utilitárias e descritores de classe Java.

Ao final deste capítulo, o estudante deverá ser capaz de fazer distinção entre metaclasses e classes comuns de uma aplicação, além de interpretar e empregar corretamente o modificador static.

11.1 Conceito de Metadados e Metaclasses

Em geral, numa aplicação qualquer, lidamos com dados a respeito de entidades do mundo real. Numa aplicação de gerenciamento de biblioteca, por exemplo, um usuário da biblioteca é uma dessas entidades e o nome do usuário é um dado utilizado pela aplicação.

Há casos, porém, em que precisamos lidar com informações sobre a própria representação dos dados no sistema, e não sobre as entidades representadas no sistema. Por exemplo, podemos querer saber quantos são os objetos da classe Usuario, num determinado momento. Note que essa informação não se refere a nenhum usuário em particular, mas sim à classe dos objetos que os representam.

A esse tipo de informação, que representa outra informação do sistema, chamamos de metadado ou metainformação. Nomes de classes, de atributos e de métodos são outros exemplos de metadados a respeito de classes, que são definidos em classes chamadas de metaclasses.

Definem-se, assim, duas dimensões de representação na aplicação, conforme ilustrado na Figura 11.1: o nível base, com objetos e classes que representam as entidades do mundo real, e o metanível, com metaclasses que representam as classes da aplicação.

11.2 Atributos e Métodos de Classe

Todas as classes Java são representadas por objetos da classe Class, que é a principal metaclasse de Java. O pacote java.lang.reflect contém outras metaclasses que também são referenciadas pela classe Class. Através dessas classes pode-se

208 • Programação Orientada a Objetos Usando Java™

obter informações a respeito da classe de um objeto qualquer, como o nome da classe e os nomes dos seus métodos. É possível também instanciarmos novos objetos de uma classe dinamicamente, fornecendo o nome da classe como um parâmetro.

Java permite também, ao definirmos uma nova classe, criarmos atributos da classe (*class attributes*), que ficam associados à classe como um todo, e não aos objetos da classe, através da seguinte sintaxe:

```
atributo-da-classe
static <definição-de-atributo>
```

Há sempre um único valor para um atributo `static`, independentemente do número de objetos da classe, mesmo que não exista nenhuma instância da classe.

Podemos definir também métodos de classe, que operam apenas sobre os atributos da classe, conforme abaixo:

```
método-da-classe
static <definição-de-método>
```

Um método `static` pode ser chamado utilizando-se o nome da classe em lugar de uma referência a uma instância da classe. Isso permite que o método seja chamado mesmo que não se tenha uma referência de algum objeto da classe, ou quando não exista nenhuma instância da classe.

Atributos e métodos de classe são utilizados para implementar operações sobre metadados específicos daquela classe de objetos.

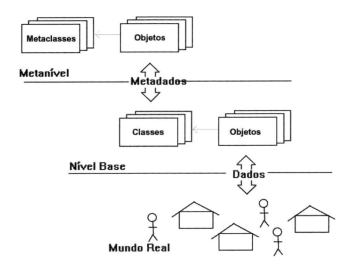

Figura 11.1: Níveis de Representação.

Uma definição de classe Java que contenha atributos ou métodos `static` define, implicitamente, uma nova metaclasse, da qual é instanciado automaticamente um único objeto. Esse objeto é visível por todos os objetos da classe e pode ser referenciado pelo nome da classe ou por qualquer referência de objeto da mesma.

No exemplo seguinte, utilizamos a classe `ContaCor` com um atributo de classe `qtdeObjetos`, para contar o total de objetos criados pela classe, e um método de classe `getQtdeObjetos()`, que retorna esse valor:

```
class Cap11a {
    public static void main(String Arg[]){
        System.out.println
            ("Qtde. contas="+ContaCor.getQtdeObjetos());
        ContaCor conta1=new ContaCor("Pedro", 100.00, 1, 234);
        ContaCor conta2=new ContaCor("Maria", 200.00, 2, 432);
        ContaCor conta3=new ContaCor("Joao", 300.00, 3, 543);
    System.out.println(conta1);
    System.out.println(conta2);
    System.out.println(conta3);
        System.out.println
            ("Qtde. contas="+conta3.getQtdeObjetos());
    }
}
class ContaCor {
```

210 • Programação Orientada a Objetos Usando Java™

```
// Constantes
//      definição de constantes

// Atributos
//            definição de atributos
    private static int qtdeObjetos=0;
    private int meuNumero;

// Operações
public ContaCor(String titular, float saldoAtual, int numConta, int senha)
{
        qtdeObjetos++;
      meuNumero = qtdeObjetos;
    }
public float obterSaldo(int pwd){
        // Implementação do método obterSaldo()
}
public Boolean debitarValor(String hist, float val, int pwd){
        // Implementação do método debitarvalor().
}

    static public int getQtdeObjetos()
        { return qtdeObjetos; }

public String toString()
    { return("Objeto # " + meuNumero); }
}
```

A cada chamada do construtor da classe o atributo `qtdeObjetos` é incrementado de 1. Como esse atributo é único para todos os objetos da classe, a cada objeto criado é obtido um sequencial diferente.

Assim como esse construtor, qualquer método de uma classe pode referenciar atributos e métodos `static`. Um método `static`, porém, só pode referenciar atributos e métodos que também sejam `static`. Esse é o caso do método `getQtdeObjetos()`.

O resultado da execução desse programa é:

```
Qtde. contas = 0
Objeto # 1
Objeto # 2
Objeto # 3
Qtde. contas = 3
```

Note que a primeira linha é impressa antes de ser criado qualquer objeto da classe `ContaCor` e, no entanto, o método `getQtdeObjetos()` foi executado normal-

11 Atributos e Métodos de Classe • **211**

mente, pois está associado à metaclasse.

Observe também que o método `getQtdeObjetos()` é chamado de duas formas diferentes: na impressão da primeira linha é utilizado o nome da classe em lugar de uma referência a um objeto da classe, como na impressão da última linha. Embora essas duas formas sejam válidas para métodos `static`, a primeira é preferível, pois deixa explícito que o método chamado pertence à classe.

11.3 Classes Utilitárias

Uma aplicação típica de metaclasses é na definição de classes utilitárias (*utility classes*). Essas classes são classes definidas com a finalidade de reunir parâmetros e funções globais, que devam estar disponíveis para todos os objetos da aplicação. A classe `Math`, do pacote `java.lang`, é um exemplo de classe utilitária, que reúne diversas funções matemáticas como exponenciação (e^x) e logaritmo ($\log x$).

Como outro exemplo, vamos definir uma classe utilitária `DateBR` reunindo funções para exibição de datas no formato brasileiro, como a seguir:

```java
import java.util.Calendar;
import java.util.GregorianCalendar;
import java.util.Date;
final class DateBR {
    public static final String mes[]={
            "Janeiro", "Fevereiro","Março",
            "Abril",   "Maio",     "Junho",
            "Julho",   "Agosto",   "Setembro",
            "Outubro", "Novembro", "Dezembro" };
    private DateBR() { ; }
    public static String ddmmaa(Date dt) {
        Calendar cal=new GregorianCalendar();
        cal.setTime(dt);
        return cal.getDate()+"/"+
            (cal.getMonth()+1)+"/"+
                cal.getYear();
    }
    public static String extenso(Date dt) {
        Calendar cal=new GregorianCalendar();
        cal.setTime(dt);
        return cal.getDate()+" de "+
                mes[cal.getMonth()]+" de "+
                (1900+cal.getYear());
    }
}
```

212 • Programação Orientada a Objetos Usando Java™

Uma classe utilitária se comporta como uma biblioteca de funções de C ou Pascal, não sendo prevista nem a instanciação de objetos da classe nem a definição de subclasses da mesma. Para impedir esses usos, a classe é definida como `final` e o método construtor como `private`. Os métodos que implementam as funções, por sua vez, estão definidos como `public static`. Essas classes normalmente não possuem atributos de atributo podendo, porém, definir constantes, normalmente com os modificadores `public static final`.

O exemplo abaixo mostra como essa classe é utilizada no programa:

```java
import java.util.Date;
class Cap11b {
    public static void main(String Arg[]){
        Date hoje=new Date();
        System.out.println (DateBR.extenso(hoje));
        System.out.println (DateBR.ddmmaa(hoje));
    }
}
```

Note que não é criado nenhum objeto da classe `DateBR` e como os métodos `extenso()` e `ddmmaa()` são chamados usando o nome da classe.

O resultado obtido com a execução desse programa é:

```
20 de Julho de 1999
20/7/99
```

11.4 Usos Corretos do Modificador `static`

As classes utilitárias são exemplos de situações em que o uso do modificador `static` contribui positivamente para uma melhor estruturação das aplicações. Por outro lado, o uso indiscriminado desse modificador pode prejudicar o encapsulamento dos objetos da aplicação, conforme explicado a seguir.

Como vimos, os atributos `static` ficam associados à classe e os demais atributos aos objetos da aplicação. Portanto, um método que manipule atributos desses dois tipos está operando sobre dois objetos distintos: o que representa a classe e o objeto da aplicação, como no caso do método construtor de `MyClass` do programa `Cap12b`, reproduzido a seguir:

11 Atributos e Métodos de Classe • 213

```
public ContaCor() {
      qtdeObjetos++;
      meuNumero = qtdeObjetos;
   }
```

O atributo `qtdeObjetos` pertence à classe `MyClass` enquanto que `meuNumero` pertence ao objeto que está sendo criado. No entanto, não há nada nesse código que nos indique essa diferença.

A forma abaixo seria preferível, por deixar claro a natureza de `qtdeObjetos`.

```
public ContaCor() {
      ContaCor.qtdeObjetos++;
      meuNumero=ContaCor.qtdeObjetos;
   }
```

Ainda assim, a interação entre os dois objetos não obedece a um protocolo de mensagens bem definido, já que os atributos são tratados como se pertencessem a um mesmo objeto, o que não é verdade.

Uma alternativa ainda melhor seria isolarmos a variável `qtdeObjetos` numa classe distinta de `MyClass`, como no exemplo seguinte:

```
class Cap11c {
    public static void main(String Arg[]){
        System.out.println
            ("Qtde. objetos="+MyFactory.getQtdeObjetos());
        MyClass conta1=MyFactory.createConta(...);
        MyClass conta2=MyFactory.createConta(...);
        MyClass conta3=MyFactory.createConta(...);
        System.out.println(conta1);
        System.out.println(conta2);
        System.out.println(conta3);
        System.out.println
            ("Qtde. objetos="+MyFactory.getQtdeObjetos());
    }
}
final class MyFactory {
    static private int qtdeObjetos=0;
    private MyFactory() { ; } // não pode ser instanciada
    static public ContaCor createConta(...){
        qtdeObjetos++;
        return new ContaCor(qtdeObjetos);
    }
    static public int getQtdeObjetos()
        { return qtdeObjetos; }
```

214 • Programação Orientada a Objetos Usando Java™

```
}
class ContaCor {
    int meuNumero;

    public public ContaCor(String titular, float saldoAtual, int numConta,
int senha){ {
        meuNumero=numConta;
    }
    public String toString()
        { return("Objeto # "+meuNumero); }
}
```

Nesse exemplo a classe `MyFactory` desempenha o papel de uma fábrica de objetos de `ContaCor`, e é responsável por controlar o número sequencial de cada objeto criado.

Observe que agora a `ContaCor` não define nenhum atributo ou método `static`, enquanto que `MyFactory` só contém atributos e métodos desse tipo. Com isso o objeto que representa a classe fica isolado dos objetos da aplicação e `ContaCor` fica mais simples.

O custo disso é a adição de mais uma classe à aplicação e a necessidade de uma mensagem adicional para a criação de um novo objeto de `ContaCor`, que passa a ser feita por intermédio do método `MyFactory.createConta()`.

Essa implementação deixa aberta a possibilidade do construtor `ContaCor()` ainda ser chamado diretamente, o que provocaria inconsistências na aplicação. A solução para esse problema é deixada como exercício para o estudante.

Resumindo:

i.   a utilização do modificador `static` para atributos variáveis[1] deve ser restrita aos casos em que há uma justificativa clara para isso, e não como um "quebra galho";

ii. havendo tal justificativa, deve-se procurar isolar esses atributos numa classe que não seja instanciável, definindo um protocolo de mensagens para acesso a esses atributos por outros objetos da aplicação;

iii. caso o custo da alternativa acima impeça sua adoção, obrigando a inclusão de um atributo variável `static` numa classe instanciável, qualquer referência a

---

[1] Não há restrição ao uso de static na definição de constantes (static final) exclusivas de uma classe.

11 Atributos e Métodos de Classe • **215**

esse atributo deve conter, obrigatoriamente, o nome da classe, muito embora isso não seja exigido pelo compilador Java.

11.5 O Método `main()`

Cabe ainda uma explicação a respeito do método `main()`, utilizado em todas as aplicações. Esse é um caso especial em que o ambiente de execução Java exige que o método seja definido como `static`. Como o método `main()` é chamado antes de se iniciar a execução do programa, quando não existe nenhum objeto criado pela aplicação, ele precisa estar associado a uma classe. Consequentemente, qualquer atributo de atributo ou método daquela classe que seja referenciado, direta ou indiretamente, por `main()` também tem que ser `static`, podendo levar a uma profusão de atributos e métodos desse tipo. O exemplo seguinte simula uma situação como essa:

```
class Cap11d {
    static int i=1;
    static int j=2;
    static int k=3;
    public static void main(String Arg[]) {
        System.out.println("Resultado="+metodo1(i));
    }
    static int metodo1(int n) {
        return j*metodo2(n);
    }
    static int metodo2(int n) {
        return n+k;
    }
}
```

Note que o método `main()` faz referência apenas a `i` e `metodo1()`. Como `metodo1()` faz referência a `j` e `método2()`, e esse último a `k`, o modificador `static` é exigido para todos eles.

Poderíamos evitar todos esses modificadores `static`, fazendo:

```
class Cap11e {
    int i=1;
    int j=2;
    int k=3;
    public static void main(String Arg[]) {
        (new Cap12f()).executa(Arg);
    }
```

```
public void executa(String Arg[]) {
    System.out.println("Resultado="+metodo1(i));
}
int metodo1(int n) {
    return j*metodo2(n);
}
int metodo2(int n) {
    return n+k;
}
}
```

Observe que agora apenas o método `main()` permanece `static`. A explicação dessa "mágica" é deixada também como exercício para o estudante.

11.6 Descritores de Classe Java

Toda classe Java tem associado a ela um descritor de classe (*class descriptor*), que é um objeto com informações sobre a definição da classe, tais como o nome da classe.

Os descritores de classe são instâncias da metaclasse `Class`, conforme ilustrado através da Figura 11.2.

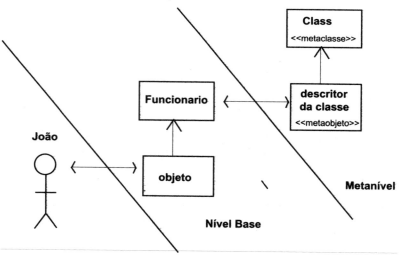

Figura 11.2: Objeto Descritor de Classe.

O método `getClass()` da classe `Object`, que é uma superclasse comum a todos os objetos Java, retorna a referência do descritor da classe do objeto.

Para obter o nome da classe de um objeto x, por exemplo, podemos utilizar o método getName(), definido na (meta)classe Class, como a seguir:

```
Class c;
String nome;
c=x.getClass();    // obtem a referencia do
                   // descritor da classe
nome=c.getName();  // obtem o nome da classe.
```

11.7 Exercícios de Fixação

1. Considere a classe ContaMeta que implementa na sua interface pública o método creditar(). Observe que o atributo contadorNumMsgObjeto do tipo int conta o número de chamadas feitas para a operação creditar() de cada objeto. Ele é incrementado a cada chamada do método. Implemente a operação mostrarNumMsgObjeto() que imprime o valor desse atributo concatenado com a string " mensagens". Compile as classes do pacote e execute a classe PrincipalMetodo.java.

2. Proceda de forma semelhante ao item (a), mas dessa vez crie um atributo contadorNumMsgClasse, também do tipo int, para contar o número total de mensagens para o método creditar() em todos os objetos da classe ContaMeta. Defina uma operação mostrarNumMsgClasse() para imprimir esse valor. Em seguida, retire os comentários das linhas 19 e 20 da classe PrincipalMetodo.java, compile as classes do pacote e execute a classe PrincipalMetodo.java. Que conclusões você pode tirar em relação às implementações dos itens (a) e (b)?

3. Abra as classes DateBR.java e Principal.java e a execute. A classe DateBR é uma classe utilitária que pode ser reutilizada por qualquer classe de aplicação. Uma forma de usar a classe utilitária é criar uma instância de um objeto. No entanto, se cada classe de aplicação fizer isso, várias instâncias de objetos idênticos ficaram espalhadas pelo sistema. Modifique a implementação dada de tal forma que não seja necessária a criação de um objeto de DateBR, usando o conceito de metaclasse.

4. Compile as classes e execute a classe PrincipalMeta.java. Perceba que ele coloca caminhões e carros numa fila polimórfica de veículos. O valor dos atributos de classe contadorVeiculos, contadorCarros e contadorCaminhoes permanece igual a zero durante a execução do programa. Atualize as classes,

218 • Programação Orientada a Objetos Usando Java™

de forma a corrigir esse problema, utilizando Metaclasses.

5. Refatore os códigos de veículo, carro e caminhão aplicando o padrão de projeto "MinhaFabrica" visto em sala de aula. Comente as diferenças entre as duas abordagens.

6. Escreva nova classe terminal denominada de terminalReflexivo, similar à classe existente no Sistema de Caixa Automático, com as seguintes opções:

   a. Imprimir a hierarquia de classes da classe ContaCor;
   b. Imprimir todos os atributos da classe de Caixa;
   c. Imprimir todos os métodos públicos da classe CadastroContas;
   d. Realizar uma operação de crédito em uma conta usando o meta-nível ao invés do nível base.

12 Pacotes

Neste capítulo são apresentados os conceitos de pacote, nome completo de tipo, coesão, acoplamento, importação de tipo, pacote anônimo e visibilidade de pacote. São descritos também os mecanismos de Java para definição e utilização de pacotes, através dos comandos `package` *e* `import`*.*

Ao final deste capítulo o estudante deverá estar apto a estruturar uma aplicação em pacotes e a interpretar e empregar corretamente os modificadores de visibilidade de Java.

12.1 Conceito de Pacote

As unidades básicas de abstração e encapsulamento, em orientação a objetos, são os tipos abstratos de dados, representados por definições de classe e interfaces. A quantidade desses elementos numa aplicação real pode atingir facilmente a casa das centenas.

Qualquer sistema dessa magnitude exige alguma forma de modularização que não implique em complexidade adicional nas atividades de desenvolvimento, utilização e manutenção do sistema. O objetivo da modularização é criar grupos de elementos do sistema que possam ser tratados como unidades indivisíveis, em níveis de abstração mais elevados.

Em sistemas de computação orientados a objetos, essa modularização se faz através da criação de pacotes.

Pacote (*package*) É um mecanismo para organizar elementos em grupos. Um pacote pode estar contido em outro pacote. Um sistema pode ser visto como um único pacote de alto nível, que contém todos os elementos do sistema.

A Figura 12.1 apresenta duas aplicações (A e B). Nessa Figura, as pastas representam pacotes enquanto os retângulos correspondem a classes. Os elementos estão agrupados em pacotes da seguinte forma:

i. a aplicação A é composta pelas classes C1, C2 e C3, e pelo pacote X, que é utilizado pela classe C1;

ii. o pacote X é composto pelas classes C4 e C2;
iii. sobre a aplicação B, sabe-se apenas que utiliza a aplicação A.

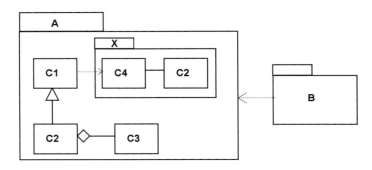

Figura 12.1: Exemplo de Organização em Pacotes.

Uma aplicação organizada dessa forma possui uma estrutura em árvore, onde cada pacote corresponde a um nó da árvore, cujas folhas são suas classes e interfaces. A Figura 12.2(b) apresenta a árvore correspondente à aplicação A, da Figura 12.1.

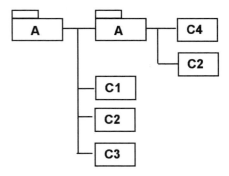

Figura 12.2: Árvore de Pacotes.

Note, nesse exemplo, que existem duas classes de nome C2: uma no pacote A e outra no pacote X. Cada pacote possui um espaço de nomes próprios, ou seja, os nomes dos elementos de um mesmo pacote devem ser únicos dentro do pacote, porém pacotes distintos podem conter elementos homônimos.

Tal como ocorre com os nomes de arquivos e diretórios em sistemas de arquivos hierárquicos, como DOS e Unix, os tipos abstratos de dados organizados em pacotes possuem um nome completo (*fully qualified name*), que inclui o nome do pacote onde está definido. Como um pacote pode ser um elemento de outro pacote, o seu nome também pode incluir os nomes de outros pacotes. Por exemplo, o nome completo da classe C4, do pacote X, da aplicação A, seria A.X.C4.

```
nome-completo-de-tipo
<pacote>.{ <nome-de-classe> | <nome-de-interface> }
pacote
<nome-de-pacote> | <pacote>.<nome-de-pacote>
```

```
pacote
<nome-de-pacote> | <pacote>.<nome-de-pacote>
```

12.2 Fatoração em Pacotes

Um aspecto importante do projeto de uma aplicação é a sua fatoração em pacotes, ou seja, a escolha de um agrupamento para os seus elementos, dando origem aos pacotes.

Uma fatoração de boa qualidade deve permitir:

i. fácil compreensão da estrutura do sistema como um todo, e de cada uma de suas partes isoladamente; e

ii. desenvolvimento, utilização e manutenção dos pacotes com o máximo de independência.

Para isso, devem ser observados os critérios de alta coesão entre os elementos de um mesmo pacote e fraco acoplamento entre diferentes pacotes, conforme definidos a seguir.

Coesão (*cohesion*) Representa a intensidade dos relacionamentos entre elementos de um mesmo grupo. Num grupo altamente coeso, todos os seus elementos colaboram intensamente para realizar uma determinada tarefa, dependendo o mínimo possível de elementos externos ao grupo.

Acoplamento (*coupling*) Representa uma medida das conexões entre elementos, ou grupos de elementos, distintos. Elementos fracamente acoplados conectam-se somente através de interfaces simples, visíveis, bem definidas e flexíveis.

222 • Programação Orientada a Objetos Usando Java™

12.3 Importação de Tipos de Outros Pacotes

Como as definições de tipos de um mesmo pacote compartilham um espaço de nomes único, uma definição de tipo pode referenciar livremente qualquer outro tipo definido no seu próprio pacote, usando apenas o nome simples do tipo.

Por exemplo, se a classe C2 do pacote A precisa criar um objeto do tipo C3, também definido no pacote A, pode fazê-lo diretamente, como a seguir:

```
C3 atr=new C3();
```

Quando, por outro lado, uma definição de tipo precisa fazer referência a um tipo que não pertence ao seu próprio pacote, o tipo referenciado precisa ser importado pela definição do tipo que irá utilizá-lo. Em Java, isso pode ser feito de várias maneiras, como veremos a seguir.

Para evitar possíveis ambiguidades com relação aos nomes das classes, como no caso da classe C2, no exemplo da Figura 12.2, a importação de um tipo definido em outro pacote exige sempre que se informe o nome completo do tipo que está sendo importado.

Considerando o exemplo da Figura 12.2, suponha que uma definição de classe da aplicação B crie um objeto do tipo C2, definido no pacote A.X.

A forma mais direta para isso é utilizar o nome completo do tipo em todas as suas referências, como abaixo:

```
A.X.C2 atr=new A.X.C2();
```

Essa forma apresenta, porém, os seguintes inconvenientes:

i. o código do programa usa nomes longos e, muitas vezes, com várias referências a definições de um mesmo pacote, como A.X.C2 e A.X.C4.

ii. aumenta o acoplamento entre as classes, com várias referências à localização da definição de um mesmo tipo.

Uma primeira alternativa seria declarar, através do comando `import`, o nome completo do tipo a ser importado, o que permite referenciá-lo pelo seu nome mais simples, como se pertencesse ao pacote corrente.

```
importação-de-tipo
import <nome-completo-de-tipo> ;
```

Dessa forma, poderíamos fazer:

```
import A.X.C2;
...
C2 atr=new C2();
```

Note que só podemos utilizar essa forma quando o nome do tipo que estamos importando não coincide com o nome de um tipo do pacote corrente ou de outro comando `import` da mesma definição. Quando possível, essa é a forma recomendada, pois elimina os inconvenientes citados anteriormente sem qualquer prejuízo.

Há ainda a opção de importar todas as classes declaradas em um dado pacote que são visíveis para a classe que está realizando a importação.

```
importação-sob-demanda
import <pacote>.* ;
```

Nesse caso faríamos:

```
import A.X.*;
...
C2 atr=new C2();
```

As desvantagens dessa forma, em relação às anteriores, são:

i. a informação de que a classe C2 pertence ao pacote A.X fica implícita na importação. Note que o código acima não permite determinar com certeza se a classe C2 pertence ao pacote corrente ou a qualquer pacote que esteja sendo importado, como A.X.

ii. aumenta o acoplamento entre os pacotes, já que a nova definição faz com que um pacote dependa de todo o conteúdo de um pacote importado e não de apenas alguns tipos específicos;

224 • Programação Orientada a Objetos Usando Java™

Sua única vantagem é reduzir o número de declarações `import`, quando uma definição de tipo utiliza vários tipos definidos num mesmo pacote.

A importação de um pacote só inclui os tipos definidos no pacote especificado, não incluindo os tipos definidos em pacotes contidos no mesmo. Por exemplo, o comando `import A.*` inclui apenas os tipos definidos no pacote A, não incluindo os tipos definidos no pacote `A.X`.

12.4 Definição de Pacotes em Java

Diferentemente das definições de classes e interfaces, que são armazenadas em arquivos, um pacote Java é representado por um diretório do sistema de arquivos utilizado para armazenar o código da aplicação. É nesse diretório que são agrupados os tipos abstratos de dados definidos no pacote, em definições de classes ou interfaces (arquivos com extensão `.class`), e outros pacotes subordinados hierarquicamente (subdiretórios).

Todas as definições de tipo contidas num pacote precisam conter uma declaração do nome do pacote, através do comando `package`. Esse deve ser o primeiro comando na definição da classe ou interface.

```
declaração-de-pacote
package <nome-de-pacote> ;
```

Tomando como exemplo a Figura 15.1(a), os arquivos que declaram as classes C1, C2 e C3, da aplicação A, deveriam conter a seguinte declaração:

```
package A;
```

Já as classes e interfaces do pacote A.X, dessa mesma aplicação, deveriam conter:

```
package A.X;
```

12.5 Pacotes Anônimos

Uma definição de tipo que não contenha um comando `package` é considerada parte de um pacote anônimo (*unnamed package*). Um pacote anônimo contém apenas os tipos definidos no diretório corrente do ambiente de execução. Esse é o caso de todos os exemplos utilizados nos capítulos anteriores desse livro.

Uma definição de tipo de um pacote anônimo pode importar tipos de outros pacotes, assim como fizemos em diversos daqueles exemplos citados acima. Embora a linguagem Java admita a possibilidade de importar tipos de um pacote anônimo, isso é altamente contraindicado, pois sua interpretação depende fortemente da implementação de Java específica de cada ambiente de execução.

12.6 Visibilidade de Pacotes

Para que um tipo contido num pacote possa ser utilizado por classes ou interfaces de outros pacotes, sua definição deve ser feita utilizando o modificador `public`, como no exemplo seguinte:

```
public class C2 {
  ...
}
```

Um tipo que não seja definido como public só é visível dentro do seu próprio pacote, não podendo ser importado por definições de tipos de outros pacotes. Esse grau de visibilidade é chamado de visibilidade de pacote (package visibility) ou, especificamente em Java, visibilidade default, pois é a que Java assume quando o modificador de visibilidade é omitido.

Como vimos na seção anterior, um tipo definido num pacote anônimo (cuja definição não contém um comando `package`) deve ter sempre sua visibilidade restrita ao seu próprio pacote, não devendo ser definida como `public`. Ao definir um tipo como público, estamos permitindo que objetos de qualquer outro tipo, independentemente do pacote a que pertençam, possam utilizar a interface pública daquele tipo, isto é, eles podem utilizar livremente seus métodos e atributos que também tenham sido definidos como public.

Há casos, porém, em que queremos oferecer acesso privilegiado a algum atributo ou método de uma classe, apenas para outras classes do seu próprio pacote. Para isso, podemos definir métodos e atributos com visibilidade de pacote, omitindo os modificadores `public` ou `private` na definição do método ou atributo.

Recomenda-se, de qualquer modo, evitar a definição de atributos com visibilidade de pacote, pelos motivos já expostos na Seção 3.6.3. Esse grau de visibilidade deve ser utilizado apenas para, quando necessário, restringir a visibilidade de métodos que, de outro modo, seriam definidos como públicos.

Outra consideração importante é com relação ao modificador de visibilidade `protected`, apresentado na Seção 6.5. Como foi dito naquela ocasião, esse modificador permite que o atributo ou método seja visível pelas subclasses da classe onde é definido. No entanto, na linguagem Java, o modificador `protected` estende esse privilégio a todo o pacote, o que deve ser levado em consideração quando for utilizado.

Da Figura 12.3 a Figura 12.6 ilustram a amplitude associada a cada modificador de visibilidade de Java, tomando como exemplo um método ou atributo definido na classe X do pacote A.

A visibilidade privada só se aplica a métodos e atributos de uma classe. Um método ou atributo com essa visibilidade só pode ser referenciado na definição da classe onde é definido. No exemplo da Figura 12.3, métodos e atributos declarados na classe X como private são acessíveis apenas dentro da própria classe X.

A visibilidade de pacotes se aplica a definições de tipos (classes ou interfaces) e a métodos e atributos de uma classe. Um tipo com essa visibilidade pode ser referenciado em qualquer outra definição de tipo do mesmo pacote em que é definido. Um método ou atributo com essa visibilidade pode ser referenciado em qualquer definição de classe do mesmo pacote em que é definido. No exemplo da Figura 12.4, isso inclui todas as classes do pacote A, que contém a classe X. Observe que isso não inclui as classes do pacote B, que está contido em A.

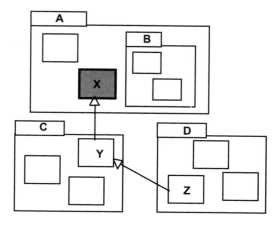

Figura 12.3: Visibilidade privada (private).

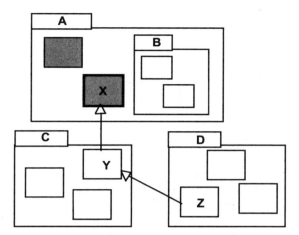

Figura 12.4: Visibilidade de pacote (default).

A visibilidade protegida só aplica métodos e atributos de uma classe. Um método ou atributo com essa visibilidade pode ser referenciado em qualquer definição de classe do mesmo pacote em que é definido, ou que seja descendente da classe onde é definido. No exemplo da Figura 12.5, isso inclui todas as demais classes do pacote A, que contém X, e as classes descendentes Y e Z, dos pacotes C e D respectivamente.

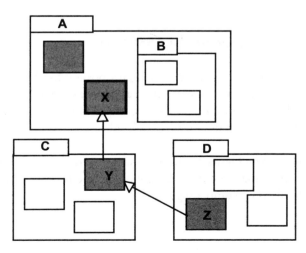

Figura 12.5: Visibilidade protegida (protected).

228 • Programação Orientada a Objetos Usando Java™

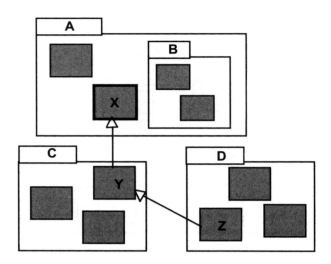

Figura 12.6: Visibilidade pública (public).

A visibilidade pública se aplica a definições de tipos (classes e interfaces), seus métodos e atributos. Métodos e atributos de uma interface são sempre públicos, mesmo que isso não seja declarado explicitamente. Um tipo, método ou atributo com essa visibilidade pode ser referenciado em qualquer definição, de qualquer pacote, como no exemplo da Figura 12.6.

12.7 A Variável de Ambiente CLASSPATH

Para que o compilador e a máquina virtual Java possam localizar os pacotes utilizados pelas nossas aplicações, a variável de ambiente CLASSPATH deve conter a especificação dos caminhos, no sistema de arquivos hospedeiro, dos diretórios que levam aos pacotes de mais alto nível utilizados.

Voltando ao exemplo da Figura 12.3, suponha que os diretórios A e B, correspondentes aos pacotes de mais alto nível das aplicações A e B, pertençam à estrutura de diretórios do disco C: como a seguir:

```
C:\
    ... CursoJava
    .       ... Exemplos
    .       .       ... Cap12
    .       .       .       ... A
    .       .       .       .       ... X
    .       .       .       .       .       ... C4
    .       .       .       .       .       ... C2
    .       .       .       .       ... C1
    .       .       .       .       ... C2
    .       .       .       .       ... C3
    .       .       .       ... B
```

Como os nomes completos utilizados são relativos aos pacotes A e B, contidos no
diretório C:\CursoJava\Exemplos\Cap12, devemos acrescentar esse caminho à
variável de ambiente CLASSPATH, como no exemplo seguinte:

```
C:\> set CLASSPATH=.;C:\CursoJava\Exemplos\Cap12
```

Observe que mantivemos o diretório corrente (o primeiro ponto após o sinal =)
como um dos caminhos, que são separados por ponto e vírgula.

12.8 O Utilitário jar

Para facilitar o transporte de uma aplicação entre diferentes computadores, Java
permite criar arquivos compactados contendo todos os pacotes de uma aplicação,
organizados hierarquicamente conforme definido pela aplicação. Esses arquivos
possuem extensão .jar e são criados através do utilitário jar, como no exemplo
seguinte:

```
C:\> jar -cf A.jar C:\CursoJava\Exemplos\Cap12\A\*.*
C:\> jar -cf B.jar C:\CursoJava\Exemplos\Cap12\B\*.*
```

Com esses comandos são criados dois arquivos, de nomes A.jar e B.jar, contendo, respectivamente, todos os pacotes e definições das subárvores C:\Curso-
Java\Exemplos\Cap12\A\ e C:\CursoJava\Exemplos\Cap12\B\.

Com isso podemos transferir facilmente essas aplicações para outro computador,
bastando enviar os arquivos .jar correspondentes. Para poder utilizar essas aplicações no computador para onde foram transferidas é necessário apenas:

230 • Programação Orientada a Objetos Usando Java™

i. que exista uma máquina virtual Java instalada no computador, com o programa `java` e suas bibliotecas nativas;

ii. incluir, na variável de ambiente CLASSPATH, o nome completo dos arquivos transferidos.

Supondo, por exemplo, que os arquivos sejam mantidos no diretório raiz do disco C:, poderíamos fazer:

```
C:\> set CLASSPATH=.;C:\A.jar;C:\B.jar
```

12.9 Exercício de Fixação

1. Java representa pacotes como diretórios. Uma classe C pertence a um pacote P se essa classe está no diretório P e o comando `package` P é o primeiro que aparece no arquivo no qual a classe C é declarada. Por exemplo, se a classe C1 está no pacote p1 e o diretório de trabalho no windows se chama c:\temp\ curso, o caminho completo para a classe C1 é c:\temp\curso\p1\C1. Tendo isso em vista, escreva os classes C1 e e Principal nos respectivos arquivos. Compileos e execute a classe Principal. Crie um pacote p1 e modifique as classes C1 e Principal de modo que estas passem a estar contidas nesse pacote. Em seguida, recompile as classes C1 e Principal. Para executar uma classe contida por um pacote não anônimo é necessário usar o nome qualificado da classe. No caso do nosso exemplo, o nome qualificado da classe que queremos executar é p1.Principal. Supondo que criamos o pacote p1 em um diretório chamado c:\temp\curso, o comando que executa a classe Principal é o seguinte: c:\temp\curso> java p1.Principal Note que o comando java é executado a partir do diretório raiz que contém o pacote p1 .

```
// C1.java
public class C1 {
    public void m1()
    {
        System.out.println("Metodo m1() da classe C1 executado!");
    }
}
// Principal.java
public class Principal {
    public static void main(String args[]) {
        C1 obj = new C1();
        obj.m1();
    }
}
```

Crie um novo pacote chamado p2 dentro de p1 e mova as classes C1 e Principal para esse pacote, realizando as alterações necessárias. Compile as classes e execute a classe Principal.

2. Escreva a classe C2 e coloque-a no diretório p1. Adicione à classe C2 uma linha que importa a classe C1 (que, graças aos itens 1 e 2, encontra-se no pacote p1.p2) . Note que o fato de C1 estar em um subpacote de p1 não modifica a maneira como C1 deve ser importada. Modifique também a classe Principal para que passe a importar C2. Adicione código ao método main( ) da classe Principal para criar um objeto do tipo C2 e invocar a partir dele o método m2( ). Compile as classes e execute Principal.

```
package p1;
public class C2 {
    public void m2()
    {
        System.out.println("Metodo m2() da classe C2 executado!");
    }
}
```

3. Defina uma nova classe chamada C3 no pacote p1.p2. Essa classe deve ter um único método chamado m3( ) que simplesmente imprime uma mensagem na tela. Modifique a classe C2 para que esta importe todas as classes do pacote p1.p2. Adicione ao método m2( ) código que cria um objeto do tipo C3 e chama o seu método m3( ). Recompile os arquivos e execute a classe Principal .

4. Escreva as classes abaixo Principal2, Ponto, Reta, Circulo nos seus respectivos arquivos. Examine o código-fonte de cada um e organizeos de acordo com a estrutura de pacotes que eles definem. Compileos e execute a classe Principal2. Retire o modificador public da declaração do método mostra( ) da classe Circulo. Recompile os arquivos. Por que a compilação falhou? Adicione o modificador protected a esse método. Tente compilar. Por que a compilação ainda não funciona?

```
// Circulo.java
package geometria;
public class Circulo {
    float raio,x,y;
    public Circulo() {
        this.x=0; this.y=0; this.raio=0;
    }
}
```

232 • Programação Orientada a Objetos Usando Java™

```java
  public Circulo(float ax, float ay, float ar) {
    this.x=ax; this.y=ay; this.raio=ar;
  }
  public void altera_raio(float a){
   this.raio=a;
  }
  public float retorna_raio(){
  return this.raio;
  }
  public void move(float dx, float dy){
  this.x+=dx; this.y+=dy;
  }
  public float distancia(Ponto ap){
  float dcp; // dist. do centro do círculo ao ponto
  dcp=(float)Math.sqrt((double) ((x-ap.x)*(x-ap.x)+(y-ap.y)*(y-ap.y)));
  // acesso direto aos atributos de ap, pois as classes pertencem ao
  // mesmo package
  if (dcp<raio){
    return dcp-raio;
  }
  else{
    return dcp-raio;
  }
  }
  public void mostra(){
    System.out.println("("+this.x+","+this.y+","+this.raio+")");
  }
 }
// Ponto.java
package geometria;
public class Ponto {
  float x,y;
  public Ponto(float ax, float ay) {
  // garante o estado do objeto
  this.x=ax; this.y=ay;
  }

 public float retornaX(){
  return x;
  }
  public void move(float dx,float dy){
  this.x+=dx; this.y+=dy;
  }
  public void mostra(){
  System.out.println("("+this.x+","+this.y+")");
  }
}
// Reta.java
package geometria;
public class Reta {
  Ponto a,b;
  public Reta(float ax,float ay, float bx, float by){
  a=new Ponto(ax,ay);
```

12 Pacotes • **233**

```
    b=new Ponto(bx,by);
    }
  public float distancia(Ponto ap){
  //metodo não implementado, acesse livremente os atributos do argumento
  // Ponto de modo a calcular a sua distância a esta reta

   return 0.0f;
    }
  public void mostra(){
    a.mostra();
    b.mostra();
    }
}
// Principal.java
import geometria.*;
public class Principal2 {
  public static void main (String args[]){
    Circulo acirc;
    //acirc.x=(float)10.0; Erro!! atributo encapsulado(modo package)
    Ponto apto;
    acirc= new Circulo((float)0.0,(float)0.0,(float)1.0);
    acirc.mostra();
    apto=new Ponto((float)4.0,(float)3.0);
    apto.mostra();
    System.out.println("Distância:"+acirc.distancia(apto));
    }
}
```

1. Defina uma classe CirculoComBorda, subclasse da classe Circulo, e pertencente ao pacote geometria.borda que você também deve definir. Essa classe deve ter apenas um atributo, do tipo inteiro, correspondente à espessura da borda. Ela deve definir três métodos, obterEspessuraBorda( ), alterarEspessuraBorda( ) e mostra( ), os três com visibilidade pública. Os dois primeiros manipulam a espessura da borda enquanto o último imprime a espessura e chama o método mostra( ) da superclasse. Compile a classe CirculoComBorda. Retire o modificador protected do método mostra( ) da classe Circulo e tente recompilar CirculoComBorda. Que conclusões você tira do fato de a compilação falhar? Desfaça esta última modificação. Retire o modificador public da declaração da classe Circulo. Tente recompilar CirculoComBorda. Que conclusões você tira dessas modificações? Recoloque o modificador public na declaração da classe Circulo antes de passar ao próximo item.

2. Modifique a visibilidade do método mostra( ) da classe Circulo para protected (se já não for o caso). Adicione à classe CirculoComBorda o seguinte método:

```
public static void main(String args[]) { Circulo circ = new Circulo(1, 1,
1); circ.mostra();}
```

Tente compilar a classe CirculoComBorda. Se CirculoComBorda é subclasse de Circulo, por que a compilação falha?

Apêndice A

Preparando o Ambiente de Desenvolvimento Java

A execução dos programas escritos na Linguagem Java necessita que o *Java Runtime Environment* (JRE) esteja instalado no computador. Caso se queira apenas executar um programa, o JRE é suficiente. Entretanto, no contexto deste livro será necessário também compilar um programa em Java e, para isso, é necessário instalar o Java SE *Development Kit* (SDK) que além do compilador Java, contém o JRE. O JDK pode ser instalado através do endereço http://www.oracle.com/technetwork/java/javase/downloads/jdk8-downloads- 2133151.html.

O ambiente de desenvolvimento recomendado para escrever e executar os códigos para solucionar os exercícios propostos neste documento é o *Eclipse IDE for Java Development* que pode ser copiado através do endereço http://www.eclipse.org/downloads/.

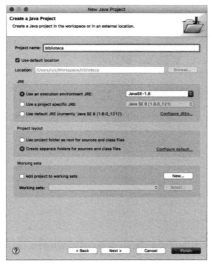

Figura 13.1: Tela para criação de um projeto Java.

Após a instalação, execute o Eclipse. Para criar um projeto Java, clique em **File** à **New** à **Java Project**. Preencha o nome do projeto e clique em **Finish,** conforme a Figura 13.1.

Figura 13.2: Tela de criação de uma classe Java.

As classes do novo projeto podem ser criadas selecionando em **File** à **New** à **Class**. Preencha o nome da classe e clique em **Finish**, conforme a Figura 13.2.

O Eclipse mostrará a tela apresentada na Figura 13.3 que permitirá a criação de uma classe Java.

Figura 13.3: Tela de desenvolvimento do Eclipse.

Uma classe que contenha o método **main** poderá ser executada clicando em **Run** à **Run**.

Para saber mais sobre o Eclipse, acesse o endereço http://www.vogella.com/tutorials/Eclipse /article.html que disponibiliza um excelente tutorial sobre essa plataforma.

Bibliografia

[Backus63] Backus, J. W. et alli. A Revised Report on the algorithmic language ALGOL 60. International Federation for Information Processing, 1963.

[Booch91] Booch, G. Object-Oriented Design with Applications. Benjamin / Cummings Publishing Company, Inc., 1991.

[Cardelli85] Cardelli, L., Wegner, P. On Understanding Types, Data Abstraction, and Polymorphism, *Computing Surveys*, Vol. 17, No. 4, December 1985.

[Coad91] Coad, P., Yourdon, E. Object Oriented Design, Prentice-Hall, 1991.

[Dahl70] Dahl, O. J., Myhraug, B., and Nygaard, K. The Simula 67 Common Base Language, Publication S-22, Norwegian Computing Center, Oslo, 1970

[Dijkstra69] Dijkstra, E. W. Structured programming, in "Second NATO Conference on Software Engineering Techniques, Rome, Italy", 1969, pp. 84-88.

[DoD83] Department of Defense. Reference Manual for the Ada Programming Language. Ada Joint Program Office, Department of Defense, ANSI/MIL-STD--1815A, 1983.

[Ferreira88] Ferreira, Aurélio B. H. *Dicionário Aurélio Básico da Língua Portuguesa*. Editora Nova Fronteira S/A. 1988.

[Hayakawa63] Hayakawa, S. I. *A Linguagem no Pensamento e na Ação*. Livraria Pioneira Editora. SP. 1963.

[Ingalls78] Ingalls, D. H. H. The Smalltalk-76 Programming System Design and Implementation, Proc. of the 5th Annual ACM Sym. on Principles of Programming Languages, Tucson, Arizona, January 1978.

[Lee90] Lee, P.A., Anderson, T. (1990): Fault Tolerance - Principles and Practice. Wien. Springer-Verlag.

[Liskov74] Liskov, B., Zilles, S. Programming With Abstract Data Types, in Pro-

238 • Programação Orientada a Objetos Usando Java™

ceedings of A Symposium on Very High Level Languages, March 28-29, 1974, Santa Monica, California, in *ACM Sigplan Notices* vol. 9 n. 4, April 1974, pp. 50-9

[Liskov77] Liskov, B., Snyder, A., Atkinson, R. Abstraction Mechanisms in CLU, *Communications of the ACM* vol. 20, n. 8, pp. 564-576, Aug. 1977.

[Meyer88] Meyer, B. Object-Oriented Software Construction. Prentice-Hall, 1988.

[Microsoft] Microsoft. Microsoft COM Technologies. *http://www.microsoft.com/com/default.asp.*

[Mikhajlov98] Mikhajlov, L., Sekerinski, E. A Study of The Fragile Base Class Problem, *ECOOP'98 Proceedings.*

[OMG96] OMG. The Common Object Request Broker: Architecture and Specification. Object Management Group. July 1996. *http://www.omg.org/library/c2indx.html*

[Parnas72] Parnas, D.L. On the Criteria To Be Used in Decomposing Systems into Modules, *Communications of the ACM*, vol. 15, n. 12, Dec. 1972.

[Rational97] Rational Software et al. Unified Modeling Language (version 1.1), Rational Software Corporation, September 1997.

[Rumbaugh91] Rumbaugh, J., Blaha, M., Premerlani, W., Eddy, F., Lorensen, W. Object-Oriented Modeling and Design. Prentice Hall, 1991.

[Saliba92] Saliba, Walter Luiz Caram. Técnicas de Programação: uma abordagem estruturada, Makron Books, 1992.

[Snyder86] Snyder, A. Encapsulation and Inheritance in Object-Oriented Programming Languages. *Proc. of the ACM Conference on Object-Oriented Programming Systems, Languages, and Applications - OOPSLA'86*, SIGPLAN Notices 21, 11 (November 1986).

[Sowa84] Sowa, J. F. *Conceptual Structures*. Addison-Wesley. 1984.

[Strachey67] Strachey, C. Fundamental concepts in programming languages. Lecture notes for International Summer School in Computer Programming, Copenhagen, Aug. 1967.

[Stroustrup86] Stroustrup, B. The C++ Programming Language, Addison-Wesley, 1986.

[Taivalsaari96] Taivalsaari, A. On the Notion of Inheritance. *ACM Computing Surveys*, Vol. 28, No. 3, September 1996, pp. 439-479.

[Wirth71] Wirth, N. Program Development by Stepwise Refinement, *Communications of the ACM*, vol. 14, n. 4, April 1971, pp. 221-227.

Índice Remissivo

abstract class
   Ver classe abstrata
abstract data type
   Ver tipo abstrato de dados
abstract method
   Ver método abstrato
acoplamento dinâmico
activity diagram
   Ver diagrama de atividades
Ada
ADT
   Ver tipo abstrato de dados
ancestor class
   Ver classe ancestral
anonymous package
   Ver pacote anônimo
assinatura de método
   conceito
   sintaxe Java
atributo
   conceito
   nome de
   visibilidade
   sintaxe Java
atributo de classe
   conceito
   sintaxe Java
attribute
   Ver atributo
base class
   Ver superclasse
behavior
   Ver comportamento

boolean, palavra reservada
byte, palavra reservada
C++
capturando exceções
Cardelli e Wegner, classificação de
catch, palavra reservada
char, palavra reservada
ciclo de vida dos objetos
class
   Ver classe
class attribute
   Ver atributo de classe
class descriptor
   Ver descritor de classe
class diagram
   Ver diagrama de classes
class method
   Ver método de classe
class, palavra reservada
classe
   conceito
   nome de
   visibilidade
   sintaxe Java
classe abstrata
   conceito
   sintaxe Java
classe ancestral
classe base
   Ver superclasse
classe concreta

242 • Programação Orientada a Objetos Usando Java™

classe derivada
  Ver subclasse
classe descendente
classe filha
  Ver subclasse
classe pai
  Ver superclasse
classe utilitária
coerção
coesão
cohersion
  Ver coerção
cohesion
  Ver coesão
coleta de lixo
componente ideal tolerante a falhas
comportamento
concrete class
  Ver classe concreta
constante
constructor
  Ver método construtor
coupling
  Ver acoplamento
criação de objeto
  Ver comando new
declaração-de-pacote
defeito
definição de atributo
definição de classe
definição-de-constante
definição-de-interface
definição-de-método

definição-de-subclasse
derived class
descritores de classe
destruição de objeto
diagrama de atividades
diagrama de classes
diagrama de estados
dinamic binding
  Ver acoplamento dinâmico
double, palavra reservada
Eiffel
encaminhamento de mensagem
encapsulamento
envia-mensagem
enviando mensagens
erro
error
  Ver erro
especialização
especialização
estado
exceção
exception
exception handling
Exception, classe Java
extends, palavra reservada
failure
  Ver defeito
falha
fault
  Ver falha

Índice Remissivo • **243**

fault-tolerance
  Ver tolerância a falhas
final, palavra reservada
finally, palavra reservada
float, palavra reservada
fully qualified type name
  Ver nome completo de tipo
garbage collection
  Ver coleta de lixo
gen/spec
  Ver especialização
generalização
  Ver especialização
herança
  conceito
  de comportamento
  de implementação
  de interfaces
  entre classes
  múltipla
  simples
hierarquias
  de classes
  de tipos
identidade do objeto
identity
  Ver identidade do objeto
implements, palavra reservada
import, palavra reservada
importação
  de tipo
  sob demanda
information hiding
  Ver ocultamento de informação

inheritance
  Ver herança
instance
  Ver instância
instância
int, palavra reservada
interface
  conceito
  nome de
  visibilidade
  sintaxe Java
interface pública
interface, palavra reservada
interface, palavra reservada
jar, utilitário 178
life cycle
  Ver ciclo de vida dos objetos
ligação dinâmica
  Ver acoplamento dinâmico
linguagens monomórficas
linguagens polimórficas
lista-de-argumentos
lista-de-parametros
long, palavra reservada
memória do programa
mensagem
  conceito
  enviando
message
  Ver mensagem
metaclass
  Ver metaclasse
metaclasse
metadado

metadata
 Ver metadado

metalevel
 Ver metanível

metanível

method
 Ver método

método
 assinatura de
 conceito
 resultado de
 sintaxe Java
 visibilidade

método abstrato

método construtor
 conceito
 sintaxe Java

método de classe

modificador de visibilidade
 Ver visibilidade

new, palavra reservada

nome completo de tipo

object
 Ver objeto

Object, classe Java

objeto
 conceito
 criação
 destruição
 persistência
 referência

ocultamento de informação

on-demand
 Ver importação sob demanda

operação

operation
 Ver operação

overloading
 Ver sobrecarga

package
 Ver pacote

package, palavra reservada

pacote
 anônimo
 conceito
 declaração
 nome completo

persistência

polimorfismo
 ad hoc
 conceito de
 de inclusão
 paramétrico
 universal
 modalidades de

polimorphism
 Ver polimorfismo

pós-condições

post-condition

pré-condições

pre-condition

private, palavra reservada

programação estruturada

programação orientada a objetos

proteção

protected, palavra reservada

public interface
 Ver interface pública

public, palavra reservada

referência de objeto

resultado de método

short, palavra reservada

signature
    Ver assinatura de método

Simula-67

Smalltalk-72

sobrecarga de método
    conceito
    exemplo de

state
    Ver estado

state diagram
    Ver diagrama de estados

static, palavra reservada

subclasse
    conceito
    sintaxe Java

subtipo, conceito

superclasse, conceito

supertipo, conceito

TAD
    Ver tipo abstrato de dados

TAD
    Ver tipo abstrato de dados

this, palavra reservada

throw, palavra reservada

throws, palavra reservada

tipo abstrato de dados
    conceito
    definindo

tipo primitivo

tolerância a falhas

tratamento de exceção

try, palavra reservada

type import
    Ver importação de tipo

UML

utility class
    Ver classe utilitária

visibilidade
    conceito
    de pacote
    default
    privada
    protegida
    pública

void, palavra reservada

Impressão e acabamento
Gráfica da Editora Ciência Moderna Ltda.
Tel: (21) 2201-6662